KB215428

오늘, 주님과
살다

오늘, 주님과 살다

지은이 | 박광석
초판 발행 | 2019. 2. 20
2쇄 발행 | 2019. 3. 22
등록번호 | 제1988-000080호
등록된 곳 | 서울특별시 용산구 서빙고로 65길 38
발행처 | 사단법인 두란노서원
영업부 | 2078-3352 FAX | 080-749-3705
출판부 | 2078-3331

책값은 뒤표지에 있습니다.
ISBN 978-89-531-3407-2 03230

독자의 의견을 기다립니다.
tpress@duranno.com www.duranno.com

두란노서원은 바울 사도가 3차 전도여행 때 에베소에서 성령 받은 제자들을 따로 세워 하나님의 말씀으로 양육하던 장소
입니다. 사도행전 19장 8-20절의 정신에 따라 첫째 목회자를 돕는 사역과 평신도를 훈련시키는 사역, 둘째 세계선교(TIM)
와 문서선교(단행본잡지) 사역, 셋째 예수문화 및 경배와 찬양 사역, 그리고 가정상담 사역 등을 감당하고 있습니다. 1980년
12월 22일에 창립된 두란노서원은 주님 오실 때까지 이 사역들을 계속할 것입니다.

메마른 영혼을 소생시키는
특별한 만남

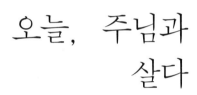

오늘, 주님과
살다

박광석 지음

이 책을 오늘 하루 주님과 살기 원하는

_____께 드립니다.

우리가 얼마나 가치 있는 존재인지는 하나님이 우리에게 베푸신 것을 보면 알 수 있습니다. 하나님은 우리에게 자녀요, 상속자로서의 특권을 주셨습니다. 우리가 종처럼 주인의 눈치를 보면서 벌벌 떨며 나오는 것이 아니라 아버지의 사랑을 듬뿍 받는 자녀로 나오도록 선처를 베푸셨습니다. 그래서 우리는 하나님의 말씀을 들으면 마치 영혼이 샤워를 하는 것 같은 청량감을 느끼며 자연스럽게 반응하고, 찬양을 하면 영혼에 평안이 깃드는 것을 느낍니다.

사실 신앙을 받아들인다는 것은 목마른 자가 마시는 물 한 그릇의 수준이 아니라 삶이 변하는 일대의 사건입니다. 우리는 하나님의 사랑과 긍휼, 인도하심이 없으면 절대로 하나님 앞에 나아올 수 없는 존재이기 때문입니다. 그 놀라운 은혜를 만나게 되면 우리 영혼은 완전히 뒤집어집니다. 인간으로서 도저히 해결할 수 없던 문제를 하나님이 풀어 주셨다는 사실 앞에 경탄할 수밖에 없습니다.

때로 고통스럽고 힘겨운 상황이 현실을 짓누르지 않습니까? 그러할지라도 우리는 결코 길바닥에 버려진 사람들이 아닙니다. 고난 속에 홀로 있지도 않습니다. 주님이 함께하시기 때문입니다. 심지어 내 잘못으로 겪는 고통이라 할지라도 내 안에 계신 예수 그리스도는 떠나지 않고 나와 함께하십니다. 그리스도의 영이신 성령이 오늘, 우리를 도우십니다. 주님을 만난 사람은 비록 어두운 산길을 가더라도 그 너머의 밝은 세계를 바라볼 수 있습니다.

우리는 날마다 말씀을 가까이 하고 주님을 묵상하면서 영광의 나라로 가고 있음을 확인합니다. 특히 우리의 놀라운 신분 변화와 새로운 삶의 여정은 예배의 자리에서 깊이 확인할 수 있습니다. 그래서 목사인 저는 '어떻게 하면 성도들을 건강한 예배자로 이끌 수 있을까' 하는 것을 늘 과제로 삼았습니다.

사실 과거보다 현시대는 신앙을 약화시키는 요소들이 더 많습니다. 우리는 수많은 스트레스를 휴식이나 즐거움으로 보상 받으려 하고, 갇힌 삶에서 벗어나 자유를 누리고자 합니다. 신앙 생활도 절대적 기준을 고수하는 것보다 적당한 선을 유지하는 것이 건전하다고 말하기도 합니다.

저는 목사로서 이런 세상의 유혹과 싸우는 성도들을 격려하고 싶었습니다. 우리의 싸움은 혈과 육을 상대하는 것이 아니요, 통치자들과 권세들과 어둠의 세상 주관자들과 하늘에 있는 악의 영들을 상대하는 것입니다(엡 6:12). 세속적으로 흐르는 육신의 소욕을 이기고 하나님을 예배하는 자로 세우는 것이지요. 그래서 가장 중요한 것은 성도들이 하나님 앞에 나와 예배드리고, 은혜를 공급받아 삶에서 그리스도의 향기를 나타내도록 이끄는 것입니다. 믿음이 있다 할지라도 은혜를 공급받지 못하면 영혼은 메마르고 생기를 잃을 테니까요.

그래서 저는 주보 첫 면에 그 글을 읽는 이들을 풍성한 신앙과 삶으로 초대하기 위해 '은혜로운 예배' 코너를 만들었습니다. 당일 설교와 직접적인 연관을 가진 것은 아니지만 우리의 마음 중심에 필요한 자세와 말씀에 나타난 영적 위로를 비교적 짧은 글로 전달했습니다. 기존 성도들뿐 아니라 믿지 않는 이들에게도 복음의 본질을 전하고, 위로를 주고, 열매 맺는 삶으로 초대하려는 마음이었습니다. 20년 가까이 글을 쓸 때마다 하나님 앞에서

매 순간 간절하고 순수하려고 했습니다. 또한 짧은 글이지만 말씀 중심, 예배 중심의 신앙 철학을 최대한 담아 표현하려고 했습니다. 이 책이 누군가에게 신앙의 새로운 세계를 만나고, 풍성한 삶으로 나아가는 초대장이 된다면 더 바랄 것이 없겠습니다.

예수 그리스도를 통해 심연으로부터 샘솟는 샘물 같은 기쁨을 누리면서 오늘, 주님과 사는 우리 모두가 되기를 기도합니다.

2019년 2월

박광석 목사

당신,
잘 지내나요?

🜄 _____ 목마름을 채우려면

근원적인 고민

나의 영혼아 잠잠히 하나님만 바라라 무릇 나의 소망이 그로부터 나오는도다 (시 62:5)

영혼의 근원에 대한 인식 없이도 인간은 평안할 수 있을까요? 물질이나 지식만으로 우리 영혼은 기뻐할 수 있을까요? 영혼의 근원을 모르면 인간은 참된 만족 속에 살 수 없습니다. 참된 기쁨이 없으니 하나에 만족하지 못하고 끊임없이 우리의 목마름을 채워 줄 무언가를 찾습니다.

우리가 영혼의 존재를 인정한다면 비록 증명하지 못한다 하더라도 영혼의 근원이신 하나님을 인정해야 합니다. 만물이 하나님의 살아 계심을 보여 주고, 우리의 영혼은 끊임없이 살아 계신 하나님을 갈망하기 때문입니다. 그러므로 인간은 하나님 없이는 진정한 중심을 갖지 못합니다.

만물의 설계자요, 주관자이신 하나님은 모든 것 안에

그분을 떠올릴 수 있는 의미를 담아 놓으셨습니다. 사도 바울의 말처럼 보이는 것 속에 보이지 않는 그분의 영원하신 능력과 신성을 나타내셨습니다(롬 1:20). 그러니 보이지 않는다고 해서 하나님을 부정할 수 없습니다. 육신의 눈이 전부가 아닙니다. 영혼의 눈을 열어야 합니다. 영혼의 눈이 열리지 않으면 현상 너머 하나님의 손길을 볼 수 없습니다.

이제 눈을 들어 보세요. 어느 곳에 있어도, 또 어떠한 상황에 처해 있어도 이 모든 것을 주관하고 오늘 우리와 함께하는 하나님이 계십니다.

들에 핀 꽃을 보세요.

만물의 아름다움을 느끼는 존재는

인간밖에 없을 것입니다.

아름다움을 느끼는 영혼을 지녔기에 인간은 아름답습니다.

그런 인간을 창조하신 하나님은 가장 아름답습니다.

인간 창조의 목적은 오직 하나님을 위해서입니다.

그래서 인간은 하나님 안에 들어올 때

진정한 가치를 느끼고 평안을 얻습니다.

수많은 꽃들은 우리를 매료시킵니다.

튤립의 청초함, 장미의 화려함, 백합의 순백함.

벌과 나비를 부르는 모습은 열정적이며,

바람 따라 흔들리는 모습은 사랑스럽습니다.

이 모든 것을 창조하신 하나님이

맨 나중에 인간을 창조하셨습니다.

보시기에 매우 좋았다고 하셨습니다.

우리는 하나님 앞에 꽃보다 아름다운 존재입니다.

때로 자연 속에서 쉼을 누리며 천천히 주위를 둘러보세요.

세상은 고요하나 어김없는 질서 속에 돌아갑니다.

햇살에 어둠이 물러나고 이슬을 머금은 풀잎이 반짝입니다.

모든 것이 하나님의 손 안에 있어 신비롭습니다.

인간의 모습도 그러하겠지요.

당신이 그 귀한 존재임을 부디 잊지 마세요.

수천 킬로미터나 떨어진 곳에서 태어난 철새가

계절을 따라 이동하여 번식하고

다시 먼 알래스카로 가는 것은 무슨 조화일까요?

수많은 별들이 충돌하지 않고 운행되는 것은 어떤 섭리일까요?

온 하늘이 하나님의 영광을 선포하고

궁창이 그 손으로 하신 일을 나타냅니다.

영혼의 눈이 열린 사람만이 볼 수 있습니다.

한 그루 나무를 보면서 하나님의 질서를 발견합니다.

작은 씨앗 하나가 사방으로 가지를 뻗어 그늘을 드리우고

가을이면 무성한 열매를 맺어 우리를 위로합니다.

그 혜택을 누린 사람들이 모여 세상을 이루어 갑니다.

하나님의 은혜가 온 세상 가득 퍼져 갑니다.

솔밭 사이로 흐르는 강물을 봅니다.

빼곡한 소나무들은 침묵하며 서 있고

강은 소리 없이 흐르고 있습니다.

되돌아오지 않을 것이며, 묵묵히 흘러갈 것입니다.

자연의 모습은 우리에게 큰 울림을 줍니다.

소리 없이 하나님 품으로 달려가는 내 영혼을 생각해 보세요.

소란한 세상과 상관없이….

◊

누군가 진흙길을 내려다볼 때

누군가는 별을 올려다봅니다.

이 땅의 고통이 너무 커서 고개 숙여질 때마다

땅의 모든 것을 주관하시는 하나님을 올려다보세요.

◊

봄이 오는 것을 시샘하듯 날씨가 추워도

분명히 봄은 오고 있습니다.

여기저기 하나님의 지문이 찍힌 것처럼

어린 새싹은 햇살에 반짝이고 있습니다.

누군가는 이미 봄의 냄새를 맡고 있을 겁니다.

내 영혼에도 분명히 봄은 오고 있습니다.

내 영혼을 어루만지는

따뜻한 하나님의 손길을 느껴 보세요.

길을 걷다가
어느 방향으로 가야 할지 헤맨 적이 있습니까?
항해하는 자가 북극성을 놓치지 않듯
하나님을 놓치지 않는 것.
바른 길을 가는 것이며 참 인생길입니다.

내 영혼의 중심은 하나님이기에

하나님을 추구하는 본향성을 지니고 있습니다.

다른 사람이 보지 않아도 함부로 행동하지 않는 것은

하나님이 보고 계시기 때문입니다.

하나님은 절대적인 경외감도 주시지만

절대적인 안정감도 주십니다.

내가 폭풍 속에서도 중심을 잡을 수 있는 것도

하나님이 함께하시기 때문입니다.

내 영혼을 웃게 하시는 이는 오직 하나님뿐
또 다른 무엇이 있겠습니까?

육신을 움직이게 하는 것은 당신의 마음이지만,
당신의 마음을 움직이게 하는 것은
하나님이십니다.

귀한 것을 손에 가득 쥐고 있다 해도
엄마를 잃은 아이는 불안해 울 수밖에 없습니다.
영혼의 주관자이신 하나님을 알지 못한 채
세상의 법칙이 당신을 지배하고 다스린다면
결코 행복하지 못할 것입니다.

우리는 하나님의 음성보다
자아의 소리를 따를 때가 많습니다.
자아로 하나님을 제한하기도 합니다.
자아를 깨트리고 하나님의 음성을 따르면
놀라운 일이 일어납니다.
우리의 삶이 어두운 데가 없어지고
등불을 비출 때와 같이 온전히 밝을 것입니다.

척박한 환경일지라도
어떤 식물은 말라 죽어 버리지만
어떤 식물은 시련 때문에 더 단단히 자랍니다.
하나님을 모신 인생도 그러할 것입니다.
울퉁불퉁 매끄럽지 않아 보여도
그 인생은 세월의 오랜 가치를 품고
비와 바람을 견뎌 낸 위용이 나타납니다.
시련을 견뎌 내는 힘은
외부가 아닌 내면으로부터 나오며
나의 얕은 생각이 아닌
무한한 하나님으로부터 빚어집니다.
우리는 그저 하루를 사는 존재가 아니라
하나님의 손길 가운데 사는 것이니까요.

여전히 갈증을 느끼나요?

우리는 긍휼하심을 받고 때를 따라 돕는 은혜를 얻기 위하여 은혜의
보좌 앞에 담대히 나아갈 것이니라 (히 4:16)

인생을 살다 보면 수많은 부조리와 얽힘을 보게 됩니다.
오늘 우리와 함께하는 하나님이 계신데, 왜 삶에는 여
전히 고통스러운 일들이 생기는 것일까요? 중요한 것은
고통 자체가 아니라 모든 시간 속에서 우리와 함께하시
는 하나님입니다. 그래서 고통은 더 나은 곳을 바라보게
만드는 동기가 되기도 합니다. 하나님 안에서 그렇습니
다. 우리는 고통 속에서 하나님을 찾고, 더 깊은 은혜의
자리로 나아갈 수 있습니다. 그것이 예배입니다.

　누군가에게는 예배라는 말이 생소하게 다가오고, 어
떤 이에게는 기다림으로 혹은 습관으로 다가오기도 합
니다. 예배의 본질은 살아 계신 하나님을 경배하며, 나
아가 보이는 일들 너머 열린 세계, 곧 하나님의 세계로
들어가는 것입니다. 우리는 이 땅에 사는 동안 수많은

어려움을 겪습니다. 눈물과 한숨, 분노와 다툼도 있습니다. 그러나 살아 계신 하나님과 함께라면, 그것은 모두 더 나은 미래를 위한 양분이 될 것입니다.

꽃의 최초는 씨앗 상태지만 심겨지면 싹이 나오고, 줄기가 나오고, 결국에는 꽃이 만개합니다. 씨앗은 씨앗 자체로 온전합니다. 온전하지 않으면 싹이 나지 않으니까요. 싹이 난 후에 자라는 것은 어떨까요? 그것도 온전합니다. 온전하지 못하면 중간에 시들어 버리고 말 테니까요. 생명의 신비란 이처럼 물과 햇빛만 있으면 알아서 영양을 공급받고, 자라나고, 결국은 꽃을 피웁니다. 씨앗도, 줄기도, 꽃도 모두 온전하지만 궁극적으로 완벽한 자리는 꽃이라는 사실을 잊지 말아야 합니다.

우리에게도 씨앗이 있습니다. 그 씨앗을 꽃으로 피울 때까지 더 깊은 사모의 자리, 은혜의 자리로 나아가야 합니다. 우리는 예배할 때 하나님의 손길을 느낄 수 있고, 삶 속에서 신령한 것을 바르게 추구해 나갈 수 있습니다.

인생의 길이는 우리가 바꿀 수 없지만
인생의 깊이와 넓이는 바꿀 수 있듯이
우리가 바꿀 수 없는 부분이 있지만
바꿀 수 있는 부분도 있습니다.
바꿀 수 없는 것을 보고 괴로워할 것이 아니라
바꿀 수 있는 것을 바꿔 가면서
삶 속에 임하는 은혜를 찾는 것이 행복입니다.
하나님께 맡기고 적극적으로 사는 삶이 필요합니다.

우리의 자아는 이미 만들어진 것이 아니라
끊임없는 선택에 따라 형성되는 게 분명합니다.
우리는 스스로 자신의 운명을 결정짓지 말아야 합니다.
날마다 은혜의 씨앗을 뿌리면서 하나님의 인도를 받아야 합니다.

연료를 넣어야 달리는 자동차처럼

인간은 하나님이 계셔야 달릴 수 있도록 만들어졌습니다.

하나님은 내 영혼의 힘, 우리의 에너지.

당신을 하나님으로 가득 채워 보세요.

관심을 가지면 찾게 되고, 문을 두드리게 됩니다.

당신의 영혼이 하나님을 찾는다면

마음의 문부터 활짝 열어 놓으세요.

예배야말로 하나님을 향해 마음을 여는 일입니다.

아무리 좋은 음식이 있어도
먹고 싶은 의욕이 없으면 소용없듯이
아무리 풍성한 은혜가 있어도
그 영혼에 갈급함과 기대감이 없다면
소용없습니다.
하나님께 한 걸음 더 가까이 가기 위해
눈을 들어 은혜를 담는 그릇을 키우는 일이
바로 예배입니다.

갈증 끝에 마시는 물의 청량감은
표현할 수 없이 짜릿합니다.
그러나 직접 물을 마셔 봐야
그 시원함과 짜릿함을 체험할 수 있습니다.
믿을 수 없어 마시지 않는다면
아무리 눈앞에 놓여 있어도 그 맛을 느낄 수 없습니다.
은혜를 체험하려면
목마른 자가 물을 들이키듯 직접 들이켜야 합니다.
예배의 가장 큰 적은 믿지 못하는 불신앙입니다.

감동적인 장면을 보면 가슴이 뛰고 눈물이 납니다.
인간은 육신을 가지고 있지만
영혼이 그를 지배하기 때문이지요.
예배를 드릴 때 감격이 넘치며 눈물이 흐르는 것은
영혼이 움직였다는 증거입니다.

예배란 세상에서 가장 크고 위대한 분이

세상에서 가장 작은 마음의 그릇에 들어와 함께하는 것입니다.

예배란 닫힌 마음을 넘어 열린 세계를 보는 것.

세상 근심에 사로잡힌 마음자리에서 벗어나

하나님의 세계로 들어가는 것.

예배의 무게가 얼마나 될까요?

당신이 가치를 두는 그만큼의 무게일 것입니다.

지식이나 재미를 찾는다면 실망할지도 모릅니다.

그러나 하나님의 손길을 얻고자 한다면

하나님의 무게가 담긴 예배가 됩니다.

비록 내가 하나님을 왕으로 모시지 않는다 해도

그분은 왕이십니다.

만약 왕이신 하나님을 모시지 않는 삶을 살면

불협화음이 일어납니다.

오직 하나님을 주인으로 모시고

그분의 뜻을 따르는 삶을 살아야 합니다.

그러면 하나님은 나를 붙드시고 인도하십니다.

세상이 점점 복잡해져도
마음의 중심이 잡혀 있으면 흔들리지 않습니다.
내 마음의 중심이 하나님이라면
모든 것을 극복할 수 있습니다.
때로 내 삶에 바람이 분다 해도
바람 따라 삶의 향기는 더 멀리 날아갈 것입니다.

일이 막혀 패배감에 빠진 사람은

처음 마음을 되찾아야 하고

공을 이루어 성취감에 빠진 사람은

말로를 내다보아야 합니다.

그러나 하나님을 모신 사람은

일이 막혔을 때도, 일이 잘 되었을 때도

하나님을 바라봅니다.

우리는 주관자가 아니며 주관자 되시는 하나님의 자녀입니다.

영적인 기쁨을 맛본 사람은

세상의 쾌락과 바꾸려 하지 않습니다.

쾌락은 내가 선택할 수 있지만

영적인 기쁨은 내가 선택할 수 있는 것이 아닙니다.

하나님이 친히 주셔야 하고

하나님을 예배할 때 얻을 수 있습니다.

예배는 단지 쉬어 가는 시간이 아니라

하나님의 생수를 마시는 시간.

하나님의 호흡, 하나님의 시각으로 삶을 관조하는 시간.

길가 논두렁에
양파더미가 널려 있었습니다.
농부는 겨울에는 양파를,
여름에는 벼를 심는다고 했습니다.
땅은 사계절 내내 쉬지 못하는 것입니다.
땅에게도 휴식과 양분의 공급이
필요할지 모릅니다.
하나님 앞에 예배하러 나오는 것은
이런 의미입니다.
하늘로부터 내려오는 은혜는
우리 영혼의 쉼과 양분입니다.

날마다 은혜가 있다면

너의 하나님 여호와가 너의 가운데에 계시니 그는 구원을 베푸실 전능
자이시라 (습 3:17)

인간의 중심은 영혼입니다. 육신의 일들이 아무리 잘 되
어 간다 해도 영적으로 만족을 얻지 못하면 허무감과 공
허감을 채울 수 없습니다. 사랑하는 가족 없이 나 혼자
휘황찬란한 식탁에서 왕의 식사를 한다고 생각해 보세
요. 한두 번은 신날지 모르지만 곧바로 외로움이 밀려올
것입니다.

정신적으로 함께하는 사람이 있다는 것은 삶의 행복
을 느끼게 하는 중요한 요소가 됩니다. 육신보다 우리의
영혼이 더욱 중요하기 때문이지요. 육신이 무가치하다
고 절하하는 것이 아닙니다. 보다 더 중요한 것을 말하
고자 하는 것입니다. 하나님을 바라보고 사는 사람이 행
복지수가 높은 이유가 바로 여기에 있습니다.

하나님은 누구보다 우리를 잘 알고 계십니다. 진정으

로 우리를 돕기 위해 자기 아들을 이 땅에 보내셨고, 그
분은 인간의 생사고락을 함께 하셨으니까요. 인간은 아
무리 사랑하는 사이여도 상대를 완벽하게 이해하지는
못합니다. 건강한 사람은 아픈 사람을 보면 '얼마나 아
플까' 하고 짐작할 뿐입니다. 그 고통은 같은 경험을 해
본 사람만이 알 수 있습니다.

하나님은 우리의 고난과 어려움을 모르시지 않습니
다. 하나님은 진정으로 우리의 형편과 처지를 아시고 도
우십니다. 문제는 내가 그분 앞에 나아가지 않는 것입니
다. 하나님을 신뢰하지 못하고 한 걸음 더 나아가지 않
는 게 문제일 뿐입니다. 우리는 날마다 하나님의 은혜를
공급받아야 살 수 있습니다. 오늘도 하나님과 함께하면
서 삶의 가치를 떨어뜨리지 않을 때, 우리는 무한한 소
망의 날개를 펴고 날아갈 수 있습니다.

밤에 꿈꾸는 사람보다 낮에 꿈과 열정을 품은 사람이
더 많은 것을 보게 될 것입니다.
예배드리는 사람은 그보다 더욱 위대해질 수 있습니다.
예배는 찬란한 꿈을 보는 것이기 때문입니다.
내 안의 생각과 꿈을 넘어서
우리에게 주신 하나님의 비전을 영의 눈으로 보는 것이
은혜로운 예배입니다.

어린아이의 신앙은 티 없이 맑고 순수합니다.

어른이 되면서 오히려 퇴색하고 복잡해집니다.

참 신앙이란 이 찌꺼기들을 제거하면서 이루어 가는 것입니다.

하나님께 대해서는 티 없이 순수한 마음을 가지는 것이

은혜로운 예배의 출발이요, 결과입니다.

은혜로운 예배는 은혜로운 마음에서 비롯됩니다.

은혜받지 못할 자는

여름이면 더워서 교회 나가기 힘들고

겨울이면 추워서 움직이기 힘들다고 말합니다.

은혜받을 자는

여름이면 하나님 말씀만큼

내 영혼을 시원하게 해주는 것이 없고

겨울이면 하나님 말씀만큼

내 마음에 따뜻하게 와 닿는 것이 없다고 말합니다.

따뜻한 햇살로 얼음이 녹고 진흙땅이 마르듯이

은혜는 내 마음을 변화시킵니다.

당신의 마음가짐이 곧 은혜를 담는 그릇입니다.

우리는 휴가를 통해 마음을 새롭게 충전합니다.

마음을 새롭게 전환하는 일은 중요합니다.

그러나 날마다 새로워지는 것은

잠깐 새로워지는 것과는 비할 수 없을 정도로 중요합니다.

우리의 영혼을 날마다 새롭게 하는 일,

바로 예배입니다.

예배의 목적은 하나님을 경배하고 찬미하는 것입니다.

그러니 주일에 모여 고백하는 것으로만 끝나서는 안 됩니다.

우리의 삶을 산제사로 드리는 지점까지 밀고 나아가야 합니다.

예배의 감동은 우리를 변화시키는 능력이 있습니다.

열매 맺는 삶이야말로 은혜로운 예배의 목적입니다.

예배의 생명력은 진정한 헌신입니다.
거짓 예배는 몸으로만 드리는 예식입니다.
당신의 삶 가운데
하나님을 가장 높은 자리로 올리세요.
그분의 영광을 위해서 자신을 온전히 드리세요.
그 자리에서 생명력 있는
진정한 예배가 이루어집니다.

신앙은 호흡과 같아서

결코 방학이 없어야 합니다.

나태해지기 쉬운 환경을 경계하세요.

하나님 앞에 가까이 나아와 힘차게 예배하는 생활,

영혼을 건강하게 하는 연마입니다.

부드러운 과일 속 단단히 박혀 있는 씨앗처럼

내 속의 은혜가 나를 성장하게 합니다.

우리는 그저 주일을 보내는 것이 아니고

예배마다 은혜를 채워 나갑니다.

인생은 한 권의 책과 같아서

어리석은 사람은 아무렇게나 책장을 넘기지만

현명한 사람은 집중하여 공들여 읽습니다.

왜냐하면 인생이라는 책은

단 한 번밖에 읽을 수 없다는 사실을 알기 때문입니다.

오늘 예배는 또다시 드려질 수 없기에

예배의 은혜를 아는 사람은 집중하여 공들여 드립니다.

왜냐하면 오늘 예배는

하나님이 오늘 내게 꼭 주시려는 은혜를

담고 있음을 알기 때문입니다.

하나님이 사람을 창조하시고 생령을 불어넣으셨습니다.

육신 속에 보이지 않는 하나님의 영을 불어넣으신 것입니다.

모든 생물이 살아 있음을 넘어서는 생기가 있어야 하듯

예배 속에도 하나님이 불어넣으시는

생령과 같은 은혜가 있어야 합니다.

이것을 사모합니다.

형식과 타성에 젖은 예배생활은

메마른 바닥을 드러낸 강과 같습니다.

습관적인 예배의 자리를 벗어나

그 이상으로 올라가야 합니다.

고여 있지 않고 끝없이 흐르는 강물처럼

은혜 또한 풍성하게 계속 흘러야 합니다.

누가 도울까요?

우리 영혼이 여호와를 바람이여 그는 우리의 도움과 방패시로다 (시 33:20)

언젠가 생필품을 하나 구입했는데 얼마 쓰지 않아 고장이 났습니다. 요긴하게 쓰던 것이라 서비스를 받으러 그 가게를 찾아갔더니 가게가 없어졌습니다. 기기 안에 적힌 연락처를 찾아 연락했는데 회사도 없어졌다는 것을 알게 되었습니다. 하는 수 없이 그 제품을 사용하는 것을 포기해야만 했습니다. 정말 황당하고 허무한 느낌이 들었습니다.

우리를 창조하시고 주관하시는 하나님은 우리를 향해 변함없이 문을 열고 계십니다. 그러니 우리가 무슨 걱정이 있겠습니까? 기도하면 삶을 인도하시는 A/S를 받을 수도 있지요. 어떻게 살아야 하는지 막막할 때는 인생의 교본이자 바른 안내서인 성경을 볼 수 있고요. 하나님은 우리와 늘 함께하십니다.

시편을 보면 "주를 두려워하는 자를 위하여 쌓아 두신

은혜 곧 주께 피하는 자를 위하여 인생 앞에 베푸신 은혜가 어찌 그리 큰지요"(시 31:19)라는 말씀이 있습니다. 이 말씀의 핵심은 삶 속에서 주님의 은혜를 누린다는 것은 결정적인 축복이라는 것입니다. 이것은 주님을 만나고 의지할 때 얻을 수 있습니다.

지금 무엇을 가장 의지하고 있는지 되돌아보세요. 한 번 기도해서 안 되는 것은 두 번 기도할 일이지, 주님 아닌 다른 것을 찾을 문제가 아닙니다. 주님은 우리를 능히 도울 수 있는 분이십니다.

하나님밖에 없다는 말은
모든 것을 다 가졌다는 뜻입니다.

내가 산을 향하여 눈을 들리라.
나의 도움이 어디서 올까?
천지를 지으신 여호와에게서로다!
주여, 나를 인도하시고 도우소서.
오직 주만 의지합니다.

하나님을 '믿음'은
수많은 작용을 불러일으킵니다.
하나님의 존재에 대한 믿음
하나님의 역사에 대한 믿음
하나님과 동행하는 믿음
하나님께 순종하는 믿음.
당신은 이런 '믿음'을 누리고 있습니까?

우리는 모두 하나님 앞으로 나아가야 합니다.

필요할 때만 하나님의 도움을 찾는 게 아니라

언제나 하나님의 힘 가운데 사는 사람이 되어야 합니다.

하나님을 믿지 않으면 아무것도 믿을 것이 없습니다.

하나님을 믿고 나아가기에

신뢰하고 의지할 수 있는 사람들이 더욱 많아집니다.

물론 우리부터 믿을 만한 사람이 되어야 하겠지요.

그러기 위해서는 하나님이 내 안에 살아 계셔야 합니다.

이것 말고 어떤 해답을 얻을 수 있겠습니까?

"구하라 그리하면 너희에게 주실 것이요

찾으라 그리하면 찾아낼 것이요

문을 두드리라 그리하면 너희에게 열릴 것이니"(마 7:7).

이 말씀은 간결하면서도 강력합니다.

은혜도 그렇습니다.

구하면 주시고, 찾으면 찾게 될 것이고,

은혜의 문을 두드리는 자에게 문이 열릴 것입니다.

우리의 바람으로 시작해서 상상으로 만들어지는 것은

진정한 신앙이 아닙니다.

참 신앙은 하나님을 바라고, 의지함으로

그분의 뜻이 우리 안에서 이루어지는 것입니다.

이렇게 될 때 우리는 최고의 삶을 살게 됩니다.

"너는 마음을 다하고 뜻을 다하고 힘을 다하여

네 하나님 여호와를 사랑하라"(신 6:5).

이 말씀에 온전히 순종하는 신앙인은

마치 하나님의 노예가 된 것처럼 보이겠지요.

그러나 바르게 신앙생활을 해보면

우리를 가장 가치 있게 하는 것이며

진정한 행복임을 알 수 있습니다.

하나님은 전능하십니다.

그러나 우리는 의문을 품은 채

확신의 자리까지 나아가지 못할 때가 많습니다.

우리의 얕은 생각이 하나님의 능력을 제한합니다.

이 장벽을 깨트릴 수 있는 유일한 방법은

말씀과 기도뿐입니다.

내 영혼이
어떤 어려운 일 앞에서도 움츠러들지 않도록
하나님 앞에 열심히 나아오는 것은
나 자신을 살리는 길입니다.

사랑을 잃고 나서야 사랑의 가치를 알게 되는 것처럼
지금 가진 것을 더 이상 소유할 수 없을 때
비로소 그 가치를 깨닫게 됩니다.
당신이 하나님께 나아오는 일,
잃어서는 안 될 가장 소중한 가치입니다.

교회의 외형보다

먼저 마음의 교회를 세우는 것이 중요합니다.

세상에 시험이 많지만

마음의 교회가 든든하게 세워져 있으면

하나님은 그의 마음을 붙드시고 그 안에서 역사하십니다.

그것이 은혜입니다.

내가 긍정하든 부정하든

내 안의 하나님의 영역을 무너뜨릴 수 없습니다.

이것을 믿는 자는 날마다 하나님의 손길을 힘입습니다.

꿈을 꾸고 그 자리에 오르기 위해서는

한 걸음씩 계단을 올라야 합니다.

그 계단은 어느 누구도 아닌

내가 만들면서 올라가야 합니다.

그렇게 꿈을 이루었을 때 보람을 느낍니다.

하나님을 믿는 신앙으로 계단을 만들면

당신의 꿈은 최상이 됩니다.

세상은 말하길

자신을 적당히 드러내 신비한 환상을 갖게 하여

평판과 명성을 얻는 데 도움을 얻으라고 합니다.

영적인 세계는 그렇지 않습니다.

하나님 앞에 자신을 다 드러내야 합니다.

하나님 앞에 온전히 드려 하나님의 능력으로 살아야 합니다.

사랑이 간절한 당신

하나님이 우리를 사랑하시는 사랑을 우리가 알고 믿었노니 하나님은 사랑이시라 사랑 안에 거하는 자는 하나님 안에 거하고 하나님도 그의 안에 거하시느니라 (요일 4:16)

하나님은 사랑으로 이 세상을 창조하셨고 우리를 구원하셨습니다. 하나님은 그분의 아들을 통해 사랑의 절정을 보여 주셨습니다. 인간은 죄인이고 하나님은 거룩하십니다. 죄는 악이고 하나님은 거룩입니다. 만약 거룩이 악과 함께 있다면 진정한 거룩이라 할 수 없겠지요. 이미 오염되었을 테니까요. 그래서 성경에도 인간이 하나님을 보면 죽는다고 나옵니다. 죄는 거룩 앞에 가면 심판 받을 수밖에 없기 때문입니다.

 이 문제를 하나님이 해결하셨습니다. 그분의 아들 예수님을 이 땅에 보내심으로 우리의 죄의 대가를 치르게 하신 것입니다. 우리는 그분을 의지하고 믿음으로 하나님 앞에 나아가게 되었습니다. 그래서 예수님을 하나님과 우리 사이를 잇는 중보자라고 말합니다. 그는 우리의 대속자로, 그를 의지하지 않으면 하나님 앞으로 나아갈 수 없습니다. 이보다 더 큰 사랑이 있을까요?

문제는 그 사랑을 사랑으로 받아들이지 않는 우리의 마음입니다. 우리는 개인의 성취를 중시하는 이 세상에서 누군가에게 인정받기 위해 애쓰지만, 하나님은 이미 우리를 그분의 자녀로 인정해 주셨습니다. 중요한 것은 내가 하려고 애쓰는 것이 아니라 하나님의 사랑을 단단히 붙드는 것입니다. 나를 향한 하나님의 사랑은 예수님의 보혈로 이루어진 고귀한 것이므로 나 자신을 귀하게 바라보아야 합니다. 타인도 마찬가지겠지요.

오늘 내 마음 중심에 그분의 사랑이 있습니까?

우리에게 눈을 주신 것은

하늘이 높은 것을

땅이 넓은 것을

바다가 깊은 것을 보라는 뜻입니다.

하나님의 높은 은혜와

하나님의 넓은 섭리와

하나님의 깊은 사랑을 보라는 뜻입니다.

세상의 사랑은

행복에 빠지면서도 불안하고

설레면서도 초조합니다.

하나님의 사랑은

오직 신뢰와 평안입니다.

어느 시인은 사랑의 절절함을 이렇게 노래했습니다.

'바닷물이 다 말라 버릴 때까지

바위가 햇빛에 스러질 때까지

내가 살아 있는 날까지

내 사랑은 한결같아요.'

그러나 우리를 향한 하나님의 사랑은 더욱 큽니다.

하나님이 우리를 얼마나 사랑하시는지

느끼지 못할 때가 많습니다.

내가 하나님을 얼마나 사랑하는지,

어떻게 표현해야 할지 모를 때도 많습니다.

이럴 때는 하나님의 가슴에 머리를 기대고

안기는 것이 제일입니다.

우리는 하나님께 많은 것을 드리지 않았습니다.

그러나 하나님은 우리를 사랑하십니다.

하나님은 죽음으로 그 사랑을 확증해 보이셨습니다.

때로 하나님의 뜻과 우리의 생각이 엇갈려

하나님의 사랑이 느껴지지 않을지라도

우리가 사랑으로 받아들일 수 있는 것은

그분의 사랑을 확증하신

독생자의 죽음을 믿기 때문입니다.

사랑은 열병처럼 다가옵니다.

모든 것을 가진 것처럼 행복하기도 하고

마음에 검게 탄 돌을 안고 있는 것 같기도 합니다.

하나님의 사랑도 인간의 언어로 표현하면 이렇지 않을까요?

오늘도 하나님은 당신을 애타게 사랑하십니다.

💧

무언가를 창조하는 행위에 역동적인 힘이 필요하다면
사랑보다 더 큰 힘이 있을까요?
하나님은 헤아릴 수 없는 사랑으로
이 세상을 창조하시고
우리를 그분의 형상을 따라 지으셨습니다.
놀라운 사랑의 힘입니다.

💧

잊지 마세요.
하나님의 사랑은 언제나 문을 열고
당신을 기다리고 있습니다.

세상 사람들은 사랑을 노래할 때 열창합니다.

그만큼 사랑이라는 단어는 마음을 뜨겁게 합니다.

그렇다면 하나님의 사랑을 노래하는

우리의 마음은 어떠해야 할까요?

뜨거운 가슴이 사람의 행동을 바꾸어 놓듯

하나님을 사랑하는 마음이 우리의 삶을 바꾸어 놓습니다.

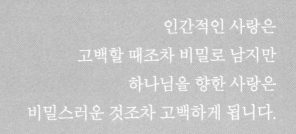

인간적인 사랑은
고백할 때조차 비밀로 남지만
하나님을 향한 사랑은
비밀스러운 것조차 고백하게 됩니다.

선은 악과 구별될 때 그 가치가 빛나듯

사랑은 공의가 함께할 때 진정한 가치를 드러냅니다.

사랑의 하나님이기에

나의 회개하지 않는 진행형의 죄까지

다 덮어 주기만을 바라는 건 아닌지요.

그러면 당신은 사랑의 진정한 능력을 알지 못하는 것입니다.

물론 우리는 모두 온전하지 못한 죄인입니다.

그러나 명확하게 구별된 하나님의 사랑을 깨달을 때

우리는 그분 앞에 바로 서는 존재가 될 수 있습니다.

사랑을 생각하고
사랑을 말하고
사랑을 행동하면
사랑의 하나님과 가까워집니다.

하나님이 한 영혼, 한 영혼 사랑하듯이
마주 서서 마음을 주고받는 나무들처럼
나 또한 그렇게 이웃을 사랑한다면
마음에 기쁨이 충만할 것입니다.

두 번째 만남

당신에게
소개해 드리고 싶어요

✚ _____ 가장 특별한 만남

기적을 살게 하시는 주님

하나님의 은혜와 또한 한 사람 예수 그리스도의 은혜로 말미암은 선물은 많은 사람에게 넘쳤느니라 (롬 5:15)

'인간에게 가장 좋은 선물은 무엇일까?' 저는 종종 이 질문을 합니다. 40여 년 전, 어머니가 한 아주머니를 전도하고 그 사실에 흥분하여 말씀하시던 것이 기억납니다.

"우리 동네 장터에 콩나물 파는 아주머니 있지? 너도 봤을 거다. 입구에 앉아서 장사하는 사람이니까. 그런데 그 부인이 표정이 늘 안 좋아. 그래서 내가 마음먹고 전도를 했지. 처음에는 관심 없어 하더니만 몇 차례 하니까 조금씩 반응을 보이더라."

"그분이 뭐라고 했는데요?"

"'사실 나는 글을 모르니까 교회에 갈 수 없어요.' 그러는 거야. 그래서 '그런 것은 전혀 상관없어요. 글을 모르면 듣기만 하면 되고, 예수님을 믿는 것이 중요한 거예요.' 그랬더니 '정말요?' 하더라고. 내가 교회 문 앞에서 기다리고 있겠다고 하니까 약속한 시간에 옷을 차려 입고 나왔더라.”

그 부인은 교회에 나오기 시작하면서 표정도 바뀌고, 행동이 달라지기 시작했습니다. 어느 날 장을 보러 가니까 글도 모른다는 사람이 성경을 읽고 있었습니다. 예배 때 들었던 목사님 설교를 성경에서 찾아보는 중이라고 했습니다.

결국 그 부인은 예수님을 믿고 글을 깨우쳤고, 삶이 바뀌었고, 하나님의 손길 안에서 살게 되었습니다. 이 세상에서 아무리 찾아봐도 예수님과 비견될 만한 선물은 없습니다.

저 역시 젊은 시절, 예수 그리스도에 관한 내용을 들어도 별 감흥이 없었던 때가 있었습니다. ‘나도 그 사실은 알아. 그런데 그 이상 뭐가 있다는 거지, 그냥 믿으라면 다인가?’ 하고 생각했습니다. 예수님이 나의 구원자라는 사실이 실감 나지 않았으니까요. 그러나 그 놀라운 선물을 받아들이고 난 이후에 저는 실망, 좌절, 고통 가운데서도 소망의 빛을 보게 되었습니다. 예수 그리스도를 만나는 사람은 그 안에서 역사하시는 하나님의 사랑의 손길을 느끼고, 최고의 선물을 내게 주셨다는 무한한 기쁨을 맛보며 살게 될 것입니다.

✝

모든 어둠을 밝히는 빛.

모든 절망을 떨쳐 내는 희망.

모든 슬픔을 바꾸는 기쁨.

모든 심판에서 건져 내는 구원.

아기로 태어나신 예수님이 이루셨습니다.

✝

아기 예수님을 맞이하려면 낮은 곳으로

허리를 굽히고 들어가야 합니다.

이런 겸손으로 오늘 예수님을 맞이한다면

당신 마음 위에 하나님의 은혜가

어느새 가득 빛나고 있을 것입니다.

비록 외딴 조그만 집에
작은 촛불 하나 켜져 있다 해도
성탄의 진정한 기쁨을 안다면
우리 마음에 거룩한 은혜가
흰 눈처럼 고요히 내려 쌓일 것입니다.

✚

하나님이 보여 주신 최고의 사랑은

이 땅에 오신 예수님.

하나님이 보여 주신 최고의 희망은

부활하신 예수님.

✚

예수님의 탄생은 무한한 기쁨임과 동시에 최고의 은혜입니다.

누구나 경험할 수는 있지만 누구나 경배하지는 않습니다.

우리는 경배함으로 기쁨에 참여하는 은혜의 성도들입니다.

✚

주님은 어둠 속에 오셨고,

그것도 몸이 움츠러드는 겨울에 오셨습니다.

어둠 속에 움츠린 채 추위에 떠는 이웃들.

그런 이들을 더 사랑하러 오신 것입니다.

✚

12월이 되면 성탄절이 떠오르고

촛불 아래 놓인 아기 예수님이 생각납니다.

성화에는 어둠에 스미는 빛,

놀람 속에 겸손함이 잘 드러나 있습니다.

✛

예수님은 베들레헴 여관의 마구간에서 태어났습니다.

돈이 없어서 방조차 구할 수 없었습니다.

그 후 북쪽으로 올라가

나사렛이라는 작은 동네에서 자랐습니다.

누구도 세상을 구할 자라고 알아보지 못했습니다.

그러나 그는 자신이 이 땅에 온 이유를 알고 있었고,

때가 되면 세상으로 나갈 것이라며

하나님의 지시를 기다렸습니다.

예수님이 세상에 보여 준 모든 것이 놀라웠습니다.
가르침도, 행위도, 사람들을 보는 눈도, 세상을 구원하는 것도
전부 다 세상이 갖고 있는 방법과는 달랐습니다.
나사렛의 가난한 목수 아들로 태어나고 자란 그가
우리에게 보여 준 것이야말로
진정 혁신이고 대혁명이었습니다.

값없이 주시는 주님

말씀이 육신이 되어 우리 가운데 거하시매 우리가 그의 영광을 보니
아버지의 독생자의 영광이요 은혜와 진리가 충만하더라 (요 1:14)

젊은 시절을 돌이켜 보면 '명예와 명성을 얻으면 행복은
따라오지 않을까?'라는 막연한 생각에 빠져 거기에 매
달려 보기도 했습니다. 또 돈을 많이 벌면 모든 문제
가 풀리게 될 것이라는 생각도 해봤습니다. 한때는 사랑
하는 사람을 만나서 서로 사랑하고 한마음으로 살면 행
복해질 거라고도 믿었습니다. 이런 것들이 의미가 없는
것은 아니지만, 절대적이지 않다는 것을 깨달았습니다.
이것이 삶의 문제를 해결하는 포괄적인 힘이 되지 못한
다는 것을 알았습니다.

사랑은 얼마나 우리에게 중요합니까? 그러나 그 사랑
도 단번에 그리고 자연스럽게 얻는 것이 아니라 지속적
인 이해와 노력이 요구된다는 것을 알았습니다. 물론 이
세상에 기댈 것이 아무것도 없다고 말하려는 것은 아닙

니다. 다만 절대적인 요소가 되지 않는다는 것을 말하고
싶습니다.

　오늘날 기독교 신앙은 그 양상 때문에 오해를 받기도
합니다. 마치 잘못된 아들의 행동으로 아버지가 판단되
어지듯이. 핵심을 바라보는 눈이 필요합니다. 기독교
신앙의 본질은 죄 가운데 헤매는 사람을 구원하기 위해
하나님께서 사랑으로 자신의 아들을 희생하여 죄의 값
을 치르게 하신 것입니다. 예수 그리스도는 전적인 순종
으로 죄인인 우리를 대신하여 십자가를 지셨습니다. 십
자가는 곧 완벽한 용서를 뜻합니다. 그분을 구원자로 믿
는 자에게 새 생명의 은총을 베푸셨습니다.

　이제 우리는 예수님을 통해 하나님의 자녀가 되고, 하
나님과의 교제를 갖게 되었습니다. 그분이 우리의 길이
되시고, 우리의 인도자가 되시는 것입니다. 그리스도는
우리에게 복음이고 우리를 살리는 유일한 길이라고 믿
습니다.

✚

우리는 율법에 죽고 은혜에 살았습니다.

우리를 살린 것은 은혜이며,

계속 붙들어야 할 것도 은혜입니다.

우리는 종종 율법적 사고방식에 빠지고 맙니다.

좀 더 선한 행위를 많이 쌓아야 한다고 생각합니다.

그러나 그것만으로는 결코

하나님의 영광과 환희에 들어갈 수 없습니다.

우리 스스로 하나님의 의에 도달할 능력을

가지고 있지 못하기 때문입니다.

우리가 붙들어야 하는 것은

오직 그리스도의 십자가 은혜입니다.

그곳에서 모든 것이 시작됩니다.

✚

상대방을 볼 때 무엇을 봅니까?

겉모습만 봅니까? 그 이면을 봅니까?

당신의 눈은 피상에 머물러 있습니까?

심층으로 들어가려고 합니까?

당신은 외형의 아름다움만 봅니까?

그 뒤의 치열함을 봅니까?

"너희는 나를 누구라 하느냐?"

"주는 그리스도시요, 하나님의 아들이십니다."

결코 겉만 보는 사람의 입에서 나오는 말이 아닙니다.

하나님의 깊은 아름다움을 아는 사람의 고백입니다.

✚

'체휼'(體恤)이란 말을 들어본 적이 있습니까?

예수님이 우리의 입장을

'이해하시고 동정하신다'는 뜻입니다.

왜 예수님의 체휼이 그토록 중요한 의미를 가질까요?

환자의 고통은 같은 환자가 잘 알고,

가장 위로가 되는 사람도 같은 환자입니다.

당해 본 사람이 어려움을 당한 자의 심정을 잘 이해합니다.

그는 육신을 입고 이 땅에 오셔서

모든 일에 시험을 당해 봤으므로

시험당하는 우리를 이해하십니다.

죄인들의 흔들림을 보시고,

그 결과 죽음의 고통이 어떤 것인지

직접 경험하셨기 때문에

우리를 깊이 이해하신다는 뜻입니다.

✚

‘은혜’라는 단어는 호의, 아름다움, 미덕, 사은,

감사, 친절, 즐거움, 표현, 돌봄, 보답 등을 의미합니다.

하나님이 우리에게 주시는 것이며

그리스도 십자가 안에서 구체적으로 주어졌습니다.

참 은혜는 그리스도의 십자가로부터 나옵니다.

우리가 십자가를 붙든다면

하나님의 은혜가 우리를 감싸는 것을 체험할 것입니다.

✚

계산이 잘못되면 어긋난 부분을 찾아

다시 풀어나가야 하듯

우리의 삶도 어긋난 부분이 있다면

그리스도에게 의지해 고치고

다시 풀어서 앞으로 나아가야 합니다.

✦

하나님은 우리에게 이성을 주셨고

하나님은 우리에게 마음도 주셨죠.

하나님께 순종하고

하나님과 동행하려는 노력.

죄와 반대가 되는 것이고

은혜와 함께 움직이는 것이 됩니다.

✦

은혜는 선물이기 때문에

이기심이나 경솔함 위에 깃들지 않습니다.

마음의 가식을 벗어버리고 겸손하게

하나님으로부터 오는 신령한 선물을 사모해야 합니다.

깨끗한 심령에 임하는 은혜, 그것이 참 은혜입니다.

잃어버리고 나서야
그 가치를 깨닫고 아쉬워합니다.
하지만 돌이킬 수 없는 일입니다.
생명의 위협을 받지 않을 때는
그 가치에 대한 깊은 성찰이 없다가
생명이 위태롭게 될 때는
모든 것을 걸고라도 되찾으려 합니다.
생명이 있을 때 그 가치를 아름답게
가꾸는 노력이 필요하듯
은혜도 더욱 가치 있고 아름답게
만드는 일이 중요합니다.

✚

'이것은 이것일 것이다'는 지식과 경험에 근거한 상상입니다.

'이것은 이렇다'는 신념의 표출이겠지요?

'이것은 이래야 한다'는 의지를 담은 표현입니다.

당신은 신앙을 어떻게 표현합니까?

위의 모든 것을 압축하여 표현할 수도 있겠지요.

그러나 '이것은 이것일 수밖에 없다'라고 해야 합니다.

우리에게 구원자는 예수 그리스도일 수밖에 없으니까요.

✚

십자가는 감상적으로만 접근해서는 안 될 만큼 무거운 것이며

이성적으로 이해될 만큼 가벼운 것이 아닙니다.

십자가는 믿는 자에게는 하나님의 능력임을 확인하는 것이나

믿지 않는 자에게는 미련하게 보일 수밖에 없는 것입니다.

십자가에서 하나님의 눈물을 봅니다.

하나님의 기쁨도 봅니다.

✚

"스스로 부한 체하여도 아무것도 없는 자가 있고

스스로 가난한 체하여도 재물이 많은 자가 있느니라"(잠 13:7).

이 말씀을 이렇게 바꾸어 보면 어떨까요.

"스스로 은혜 있는 체하여도 아무것도 없는 자가 있고

스스로 부족한 것처럼 보여도 은혜가 풍성한 사람이 있다."

은혜받는 자와 은혜받지 못하는 자의 차이는 큰 것 같아도

작은 것에서부터 시작합니다.

작은 생각의 차이가 삶에 큰 차이를 가져오는 것과 같습니다.

불신앙을 신앙의 마음으로 돌려 보세요.

세상을 향하던 눈을

하나님을 주목하는 눈으로 바꿔 보세요.

불신의 마음을 안고 들어왔지만

어느새 은혜의 자리에 앉아 있는 자신을 발견할 것입니다.

본질이 되어 주신 주님

내 아들아 그러므로 너는 그리스도 예수 안에 있는 은혜 가운데서 강
하고 (딤후 2:1)

아무것도 할 수 없을 것 같고, 절망에 빠져 있을 것 같은
사람이 비슷한 처지에 놓인 사람에게 위로를 보내는 것
은 정말 고귀한 선물이 아닐까 여겨집니다. 극작가였던
버나드 쇼의 말이 생각납니다. "자기중심으로 사는 사
람은 아침부터 밤 늦게까지 다른 사람이 자기를 즐겁게
만들지 않는다고 원망한다."

　우리는 정말 고귀한 선물을 할 수도 있고, 받을 수도
있습니다. 우리는 겉을 보고 그 선물을 판단할 것이 아
니라 그 의미와 내용을 봐야 할 것입니다. 아무리 좋은
선물도 그 가치를 모른다면 내게 아무 소용이 없고, 아
무리 작은 것이라도 가치를 안다면 생을 바꾸는 선물이
될 수도 있습니다.

　예수님이 그렇습니다. 진정으로 주님 앞에 나아와 겸

허하게 그분을 받는다면, 이런 선물이 다시는 없다는 것을 확인하게 될 것입니다. 내가 어떤 자리에 있든, 어떤 자격이 있든 상관없습니다. 하나님이 나를 위하여 예수 그리스도를 보내 주셨다면, 값없이 주시는 선물을 받아 감사하는 것이 마땅하지 않겠습니까? 그 선물을 힘입어 능력의 삶을 살아야 하지 않겠습니까?

그리스도를 향한 믿음은 점점 자라야 합니다. 예수 그리스도를 받아들였다면, 때마다 돕는 은혜를 입기 위해 보좌 앞으로 나아가야 합니다. 주님은 신실하셔서 우리의 삶을 도우시고, 절망의 나락에 떨어진 순간에도 선을 이루어 내시고, 우리가 구하는 것 이상으로 넘치게 주시며 더 좋은 길로 인도하실 것입니다.

✚

예수님은 하나님이 주신 최고의 선물입니다.

내가 예수 그리스도를 믿는다는 것은

그저 교인이 된다는 의미가 아니라

하나님의 자녀가 되는 권세를 받은 것입니다.

✚

"너희 안에 이 마음을 품으라

곧 그리스도 예수의 마음이니 그는 근본 하나님의 본체시나

하나님과 동등됨을 취할 것으로 여기지 아니하시고

오히려 자기를 비워 종의 형체를 가지사

사람들과 같이 되셨고"(빌 2:5-7).

이 말씀이 마음에 깊이 저려 오면

그는 이미 은혜 안으로 들어온 사람입니다.

은혜의 출발은 바로 그리스도입니다.

✛

분에 넘치는 선물을 받았을 때

정말 나에게 주는 것인지 되묻게 됩니다.

예상하지 못한 큰 선물이기 때문입니다.

은혜가 그렇습니다.

하나님이 주시는 감동과 약속 앞에

'정말 저에게 주는 것입니까?' 하고 놀랄 뿐입니다.

우리는 이 은혜를 품고 사는 사람들입니다.

✚

어떤 사람은 성도들이 교회에 와서 눈물을 흘리는 것을 보고

무슨 죄가 그리 많은지 궁금해합니다.

죄를 깨닫는 눈물이기도 하지만

하나님의 손길을 느끼는 감동의 눈물이기도 합니다.

고단한 등을 쓰다듬어 주시는 손길,

흘러내리는 눈물을 닦아 주시는

하나님의 사랑을 느끼는 것입니다.

큰 감동과 통회의 은혜를 입은 그가

바로 윤택한 영혼입니다.

✚

하나님이 우리를 긍휼히 여기시는 것은

오늘 우리가 은혜를 누리게 된 중요한 동기가 됩니다.

우리도 이 긍휼의 눈과 마음을 가지면 은혜가 고이기 시작합니다.

바로 하나님의 마음과 일치하기 때문입니다.

하나님의 긍휼을 생각하며 감사하고

긍휼의 마음으로 사람을 대하면

하나님과 마음이 통하여 은혜가 가득할 것입니다.

✚

사랑하는 당신이
예수 그리스도를 보면서
하나님의 사랑을 이해할 수 있다면 좋겠습니다.
그의 성육신, 그의 대속,
부활의 의미를 이해하는 것이
하나님의 사랑을 이해하는 중요한 통로입니다.
왜 예수님은 육신을 입고 이 땅에 오셨는지,
왜 참혹한 십자가의 심판을 대신 받으셨는지,
부활은 우리에게 진정 무엇을 가져다준 것인지….
모두 같은 의미이며
하나님의 사랑을 가장 정확하게 보여 줍니다.

✚

진심으로 하나님께 다가가 보세요.

우리 영혼을 갉아먹는 것은 다른 어떤 것이 아니라

나의 순수하지 못한 마음입니다.

아무리 어려운 일이 있어도

순수한 마음으로 하나님을 찾으면

하나님의 은혜가 어느덧

나에게 다가와 있음을 깨닫게 될 것입니다.

✚

믿음을 갖기 원하십니까?

당신을 사로잡고 있는 완고함을 제거하세요.

말씀을 듣고, 기도하고, 진리를 붙들고 순종하면

세상이 감당 못하는 믿음을 갖게 됩니다.

✚

대장장이가 솜씨를 발휘할수록 실력이 늘 듯

은혜를 계속 받으면 더 큰 은혜 가운데 거하게 됩니다.

은혜받는 일을 의심하지 마세요.

'은혜'는 한 번이 아니라 '매번'입니다.

✚

이미 하나님을 믿었는데 또 믿어야 하나요?

그럼요.

우리는 존재만 믿는 것이 아니라

오늘 역사하심도 믿어야 하니까요.

✤

예수님의 삶이 멋지게 느껴지는 것은 무엇 때문일까요?

그가 능력이 많아서일까요?

물 위를 걷는 신비한 일을 하고

죽은 사람까지 살렸기 때문일까요?

그보다는 놀라운 능력을 자신을 위해서 사용하지 않고

어려움을 당한 사람들을 구원해 내는 데 사용하셨기 때문입니다.

예수님은 그들과 함께하셨고 그들을 사랑하셨습니다.

✛

모든 마음의 작용은 스스로 자라지 않습니다.

의도적으로 키우기 때문에 커집니다.

화도 그러하고 믿음도 그러합니다.

믿음의 대상과 근원은 결코 내가 만들 수 없습니다.

그러나 키우는 일은 내가 해야 합니다.

가장 중요한 마음의 자세는 항상심과 향상심입니다.

꾸준하다는 것과 더 나아지려는 마음을 가져야 합니다.

신앙하는 것도 꾸준해야 하지만

더 큰 은혜의 자리로 나아가려는 마음이 있어야 합니다.

우리가 믿는 하나님은 동일하지만

받는 은혜가 다른 것은 이런 차이 때문 아닐까요?

✚

'잘 믿으려 하면 왜 더 안 되는 것처럼 느껴질까?' 하면서
우리는 좌절하기도 합니다.
그러나 이것은 내 자아의 거품이 빠지는 과정이기도 하고,
하나님의 더 깊은 수중으로 이끄는 연단이기도 합니다.
왜냐하면 믿음은 점점 더 커져야 하니까요.

빛이 되어 주신 주님

하나님이 주를 다시 살리셨고 또한 그의 권능으로 우리를 다시 살리시리라 (고전 6:14)

물 한 방울이 바위에 떨어지는 것, 그게 바로 열정 아닐까요? 작고 연약한 힘이지만 지속적인 노력을 통해서 바위가 뚫리는 것이지요. 작은 물들이 흘러 한 방향으로 가면 시냇물이 됩니다. 모여서 더 큰 물을 이루면 강이 되고요. 한곳에 모아 한꺼번에 많은 양을 분출시키면 댐이 되고 발전을 일으킵니다.

열정은 한 번의 시도가 아니라 지속적인 것이며, 어떤 난관에서도 식지 않는 성취욕을 말한다고 볼 수 있지요. 열정이 있고 그것이 식지 않으면 인생에서 무언가를 이루게 되는 것은 확실합니다. 그냥 이리저리 치이면서 살고 싶지 않다면, 열정을 품고 당신이 하고자 하는 가치 있는 일을 시도하세요. 이것이 바로 인생을 멋지게 사는 것입니다.

예수님은 열정의 삶을 사셨습니다. 그의 모든 행동과 희생은 열정적이었고, 그 목표는 하나님의 열정을 이루는 것이었습니다. 그는 어려움을 겪었고 낭패를 당하기도 했으며 무시를 당했습니다. 모든 사람으로부터 배반을 당했고, 십자가에서 참혹한 죽음을 맞이하셨습니다. 그의 열정은 곧 그의 수난이었죠. 그러나 이것이 끝이 아닙니다. 그는 부활하셨고 하나님의 우편에 앉으셨습니다.

예수님을 따르던 제자들은 부활의 신앙이 있었기에 절망이나 환란, 그 어떤 핍박도 그들 안에 샘솟는 기쁨을 빼앗을 수 없고 넘치는 소망을 꺾을 수 없었습니다. 우리도 예수 그리스도를 믿고, 예수 그리스도의 부활을 보고, 그 부활로 말미암아 영광의 나라에 이른다는 사실을 믿는다면 오늘의 삶을 그저 그렇게 흘려보내지 않을 것입니다.

✚

오늘 우리가 누리는 화평은

하나님의 아들 예수 그리스도께서

우리를 대신하여 고난을 당하시고 죽으신 대가입니다.

그것을 깨닫고 느끼는 사람은

은혜 앞으로 한 걸음 더 나아갑니다.

이는 죽음보다 강한 하나님의 능력이기 때문입니다.

✚

어두운 밤길, 사방은 온통 캄캄하지만

걸어가는 사람은 어둠을 보지 않습니다.

오직 멀리 보이는 작은 빛을 따라갑니다.

어두운 세상, 내 앞길 온통 캄캄하지만

결코 내 앞의 어둠을 보지 않습니다.

오직 내 안의 빛이신 주님을 따라갑니다.

✚

예수님은 자신을 가리켜 '빛'이라고 하셨습니다.

빛은 더러운 곳을 통과해도 전혀 오염되지 않습니다.

오염된 마음에 주님이 오시면 정결해집니다.

오늘도 우리는 주님을 따릅니다.

✚

우리는 자유를 좋아하지만 막상 자유를 얻으면

자신이 원하던 행복을 가져다주지 않는다는 걸 알게 됩니다.

진정한 자유는 속박 가운데 주어지는 것이며

속박이 없는 자유는 버림받음과 같은 의미입니다.

우리는 진정한 자유를 얻기 위해

속박으로 걸어 들어갑니다.

✚

진짜 자유를 누린다는 것은

아무것도 하지 않는 것이 아니라

진정 가치 있는 일을 하는 것입니다.

그중에서 최고는 그리스도께 사로잡히는 것입니다.

✚

내 눈에는 하나님이 역사하지 않는 것처럼 보이고,

내 생각에는 왜 그리하지 않으시는지 의심이 들 때

나를 위한 믿음인지, 주님을 향한 믿음인지 살펴봐야 합니다.

그것이 정립되면 문이 열리고 길이 보입니다.

우리는 바르게 서기 위해 주님 앞으로 옵니다.

✢

모든 사람들은

'진리가 무엇인가?'를 찾아 헤매지만

오직 예수님은

'진리가 너희를 자유롭게 하리라'라고 선포하십니다(요 8:32).

이것을 경험한 자는 무한한 자유를 느낍니다.

당신은 어떻습니까?

✢

예수님이 어느 집에서 말씀을 전하실 때였습니다.

지붕이 뜯기고 그 뚫린 곳으로부터 침상이 내려왔습니다.

병자를 낫게 하려던 친구들의 확신 어린 사랑이었습니다.

예수님을 만나면 나을 수 있다는 믿음의 행동이었습니다.

은혜받고자 하는 자에게는 이런 열정이 필요합니다.

✚

마음에 근심하지 말라.

하나님을 믿으니 또 나를 믿으라.

주님!

오늘 우리에게는 주님의 위로와 희망이 필요합니다.

✚

"내가 주는 물맛을 보려면

먼저 당신의 잔을 비워야 하지 않겠습니까?"

어느 고서의 문구입니다.

그러나 주님은 이렇게 말씀하셨습니다.

"나를 믿는 자는 성경에 이름과 같이

그 배에서 생수의 강이 흘러나오리라"(요 7:38).

'비우라'는 말과 '믿으라'는 말 중에

어느 것이 더 진취적입니까?

✛

주님이 왜 함께하지 않으실까 의문이 들 때는

주님을 바라보고 있는지

그 음성을 듣기 위해 귀를 열고 있는지 살펴보세요.

주님의 음성보다 정욕의 소리가 더 크게 들려

그 음성을 외면하고 도리어 불평할 때가 많습니다.

마음을 활짝 열고 주님 앞에 나아오면 은혜를 받습니다.

✛

자신을 믿지 못하면 불안에 떨게 되고

자신을 믿으면 교만에 빠집니다.

그러나 예수님을 믿으면

그의 손길 안에서 최상의 것을 이룹니다.

예수님의 고난이
내면 깊이 새겨진 사람은
자신의 죄를 위한
예수님의 희생의 가치를
알고 있습니다.
예수님의 고난이 그의 삶을
얼마나 의미 있게
바꾸었는지를 느낍니다.

✚

어떤 일이든 효과적인 성취를 위해서는

목적과 핵심을 놓치지 말아야 합니다.

예배의 목적은 하나님께 영광을 돌리는 것이며

예배의 핵심은 예수 그리스도를 주로 고백하는 것입니다.

하나님께 영광을 돌릴 수 있는 사람이 된 것은

최고의 영광입니다.

예수님을 나의 주로 모시고 그를 즐거워하는 것.

피조물이 누릴 수 있는 최고의 은혜입니다.

✚

하나님을 믿는다는 것은 전인격적인 믿음을 말합니다.

입술로만의 믿음이 아닙니다.

교회라는 울타리에 들어와 있는 것만으로도 아닙니다.

그리스도로 인해 하나님을 믿게 되었으니

그리스도로 말미암아 하나님과의 사귐이 있어야 합니다.

✚

작은 씨앗에서 꽃이 피고 수많은 열매를 맺습니다.

우리의 믿음도 그렇습니다.

작은 믿음이지만 참 믿음으로 주님 앞에 나아오면

비에 젖어도 향기를 잃지 않는 꽃이 되어

은혜의 열매를 가득 맺게 됩니다.

✚

정상을 오르는 방법은 다양합니다.

어렵게 온 힘을 다해 오를 수도 있고

운반기구나 다른 사람의 도움을 받아 오를 수도 있습니다.

그러기에 정상에서 느끼는 감동은 저마다 다릅니다.

땀을 흘리고 고통을 참아내며 올랐을 때 큰 감동이 있습니다.

은혜의 정상을 쉽게 손에 넣으려 하지 마세요.

겸손과 인내로 은혜를 향해 나아가야 합니다.

✝

단번에 산을 넘을 수 없습니다.

돌을 밟고 넘어지기도 해야 정상에 오를 수 있습니다.

은혜도 마찬가지입니다. 단번에는 불가능합니다.

나의 마음속 돌을 밟고 지나가고 넘어서야 합니다.

그리고 은혜를 향해 매진해야 합니다.

은혜의 정상은 그 어떤 정상보다 큰 감동으로 다가올 것입니다.

생명이 되어 주신 주님

그러나 이제 그리스도께서 죽은 자 가운데서 다시 살아나사 잠자는 자들의 첫 열매가 되셨도다 (고전 15:20)

성경은 종종 '죽음'에 대해서 이야기합니다. 그리스도는 우리를 위해 죽으셨고, 우리는 그리스도 안에서 이미 죽은 자라고 합니다. 지금 우리가 사는 것은 그리스도의 부활 안에서 사는 것이지요.

어거스틴(St. Augustine: 4세기에 활동한 기독교 신학자)이라는 성인이 있었습니다. 그는 청년 시절 마니교라는 종교에 심취해서 쾌락을 누리며 사는 것이야말로 인생을 잘 사는 것이라는 궤변에 따라 살았습니다. 어머니의 근심은 말로 표현할 수 없었지만 그는 전혀 아랑곳하지 않고 젊음을 탕진했습니다.

어느 날 그는 성령님의 감동으로 개종을 해서 기독교인이 되었습니다. 성경을 보면서 과거의 삶이 얼마나 욕되고 패역된 것인지를 깊이 깨닫고 거기서 완전히 떠났습니다. 하루는 길을 가는데 과거에 어울렸던 창녀가 그의 어깨를 두드리면서 이름을 불렀습니다.

"어거스틴, 나예요."

그때 어거스틴은 이렇게 답했습니다.

"옛날 어거스틴은 죽었소."

당신이 정말 헤어나기 어려운 늪에 빠져 있는 것 같다면, 이미 죽은 자로서 다시 시작해 보는 것이 어떨까요? 하나님의 말씀과 신앙의 힘은 너무나 크고 놀랍습니다.

어거스틴의 "내가 죽었다"는 말 속에는, '하나님의 아들이 죽었다. 나를 위해서 죽었다. 죄악 속에 있던 과거의 나는 그 안에서 함께 죽은 것이다. 이제 그를 믿는 것은 나를 사랑하사 자기 몸을 버리신 그리스도를 믿는 믿음 안에서 사는 것이다'라는 의미가 담겨 있는 것입니다.

내가 사는 것이 아니라 내 안에 하나님이 사시는 것이지요. 이보다 강력한 힘이 있을까요?

✛

주님의 부활은 우리 신앙의 핵심입니다.

예수님은 부활하시고 승천하셔서

하나님의 영광의 우편에 앉아 계십니다.

우리를 위해 간구하시고

이 땅을 심판하기 위해 다시 오실 것입니다.

이것은 우리의 신앙고백입니다.

✛

부활의 기쁨을 나눕시다.

부활은 영원히 죽지 않음을 선언하는 것입니다.

가장 큰 소망, 가장 큰 기쁨, 가장 큰 환희.

이것이 곧 부활이 주는 선물입니다.

따라서 부활을 찬양하는 예배는 최상의 예배입니다.

✚

세상에서 가장 힘 있는 단어는 부활입니다.

아름다운 꽃도 시들고 든든히 서 있는 것들도

어느덧 깎여 사라집니다.

부활이란 죽었지만 죽은 자 가운데서

다시 살아나는 것을 말합니다.

"사망아 너의 승리가 어디 있느냐

사망아 네가 쏘는 것이 어디 있느냐"(고전 15:55).

부활 앞에서는 인간이 가장 두려워하는 사망까지도

힘을 쓸 수 없습니다.

✛

예수님의 부활의 진정한 의미는 무엇입니까?

다시 살았지만 결국 죽는 생이 아닌,

영원히 사는 몸으로 살아나는 것입니다.

이것을 믿는다면 이해나 수긍을 넘어서서

부활의 소망과 부활의 능력으로 살게 됩니다.

✛

단지 부활절을 맞이하는 것이 아닙니다.

부활을 맞이해야 합니다.

주님의 부활은

죽음에서 승리한 것이며

우리의 부활의 시초가 됩니다.

부활의 믿음을 붙들고 나아갑시다.

‘부활이 가능할까?’ 하고 생각하지 말고

‘하나님이 나도 부활시키실 수 있을까?’를 생각해 보세요.

부활은 현실이 되고 소망이 됩니다.

부활은 우리 신앙의 핵심입니다.

믿지 못하는 자에게는 황당한 이야기지만

믿는 자에게는 가장 소망이 되는 사건입니다.

하나님께서 그를 죽은 자 가운데서 살리신 것을

마음으로 믿으면 구원을 얻습니다.

✝

예수님의 부활이 없다면
우리의 믿음은 헛된 것입니다.
그의 죽음과 부활은 떼놓을 수 없는
절대적인 구원사역입니다.
우리가 예수님의 부활을 믿는다면
그 부활에 연합하여 본받는 자가 되어야 합니다.
그만큼 우리에게 생명은 강력한 것입니다.

✙

"하나님이 주를 다시 살리셨고

또한 그의 권능으로 우리를 다시 살리시리라"(고전 6:14).

세상은 부활을 인본주의적 입장이나

과학적으로 설명할 수 있는 범위에서 이해하곤 합니다.

그러나 성경이 전하는 부활은 죽은 몸이 살아나는 것입니다.

정신적, 관념적, 영적 의미의 부활이 아니라

실제의 부활이었습니다.

믿음이 없는 사람은 있을 수 없는 일이라고 합니다.

그러나 믿는 사람은 하나님의 능력을 더욱 신뢰하고

확고한 소망을 갖습니다.

✛

바울은 말했습니다.

"나는 낙심하지 않습니다.

우리의 겉 사람은 낡아지지만

우리의 속사람은 날로 새로워지기 때문입니다."

사랑하고 있는 사람은 얼굴빛부터 달라지듯,

우리가 하나님을 섬기면

삶의 현실이나 나의 약함에 실망하지 않습니다.

하나님을 의지하면서 새로워져 갑니다.

그 무엇도 빼앗아 갈 수 없는 소망과 기쁨이

그리스도 안에서 나오기 때문입니다.

✚

우리는 우울한 분위기보다 즐거운 분위기를 좋아합니다.

예수님이 우리에게 보여 준 것은

예수님을 모신 곳이 잔칫집이었다는 사실입니다.

즐거움은 우울함을 극복하게 하는 힘이 있습니다.

예수님을 모신 영혼은 우울할 이유가 없습니다.

✚

"내가 곧 길이요 진리요 생명이니.

나로 말미암지 않고는 아버지께로 올 자가 없느니라"(요 14:6).

예수님은 유일한 길입니다.

그 자신이 길이며 진리의 길이지요.

당신 또한 새로운 길에 첫 발걸음을 내딛을 수 있습니다.

이미 닦여진 길을 걷는 자가 될 수도 있고

새 힘으로 무장할 수도 있습니다.

주님과 함께하면 어떤 일을 하든지

그 길로 나아갈 수 있습니다.

✜

예수님을 믿으면 된다고 했는데

별로 달라진 것이 없다고 느껴질 때가 있는지요?

예수님을 믿는다는 것은 어떤 주문처럼

놀라운 일을 일으키는 수단이 아니라는 것을 알아야 합니다.

예수님을 믿는다는 것은

죄인인 나를 대신하여 죽으신 그가 나의 그리스도임을,

즉 구원자임을 믿는다는 말입니다.

✜

예수님을 믿음으로 우리는

죄로 인해 끊어진 하나님과의 관계가 회복되어

하나님의 자녀가 됩니다.

예수님을 믿음으로

하나님의 인도와 도움을 받는 사람이 된 것이지요.

이제부터는 자동적으로

하나님의 혜택을 받을 것이라고만 생각해서는 안 됩니다.

그가 죄의 대가를 치르셨기 때문입니다.

이제 예수님을 믿고 하나님의 자녀가 되었으니

하나님은 무조건 나를 보호하시고

인도하셔야 한다고만 여겨서는 안 됩니다.

물론 하나님은 자기 자녀를 돌보시고 이끄십니다.

그러나 하나님은 우리에게 그리스도 안에서 자격을 얻었으므로

즐겁게 하나님 앞에 나아와 기도하고, 말씀을 따르며,

의지하라고 말씀하십니다.

자녀이기에 아버지 앞에 나아와 간구하고 의지할 때

그 관계가 더욱 돈독해질 것입니다.

125

당신은 오늘
선택할 수 있어요

◆ _____ 오늘 열리는 새로운 세계

오늘, 감사

하나님께서 지으신 모든 것이 선하매 감사함으로 받으면 버릴 것이 없나니 (딤전 4:4)

세계적인 가스펠 가수인 레나 마리아가 우리 교회에서 공연한 적이 있습니다. 그녀를 초청하게 된 것은 그녀에 대한 이야기를 번역한 분으로부터 그 책을 선물받아 그녀를 알게 되었기 때문입니다. 실제 공연 중에 그녀를 만났을 때 내심 놀랐습니다. 내가 대표로 꽃다발을 내밀었을 때 그녀는 그것을 받을 양손이 없었습니다. 한쪽 다리가 짧은 중증 장애인으로 의족을 신고 나왔습니다. 그녀는 약간 망설이는 나에게 미소를 띠면서 꽃다발을 겨드랑에 끼워 받았습니다.

공연이 끝나고 그녀를 격려하기 위해 대기실을 찾았을 때 레나 마리아의 어머니가 함께 있었습니다. 내가 이렇게 물었지요.

"딸에 대해 때로는 얼마나 가슴이 아프시겠어요? 이

렇게 어려우니까 가슴 아프고, 이렇게 밝고 무엇이든 잘 하니까 감격적이어서 가슴 아프고…."

그러자 그녀의 어머니가 망설임 없이 답했습니다.

"나는 아무것도 할 수 없었어요. 이 아이가 다했고, 성령 하나님이 도우셨어요."

그 말에 깊은 감동을 받았습니다. 우리가 어려움을 이겨 낼 수 있는 가장 중요한 방법은 동기와 열망을 갖는 것입니다. 동기는 지금 이 상황을 하나님의 관점으로 바라보는 것이고, 열망은 반드시 이 상황을 하나님이 인도하시는 손길 안에서 극복해 나가겠다는 것입니다. 성령님이 우리와 함께하셔서 도와주실 것입니다. 그것이 우리에게 고난이 온다 할지라도 감사할 수 있는 이유입니다.

◆

어릴 적 아플 때 어루만지는 어머니의 손길이

그렇게 위안이 될 수가 없었습니다.

어머니의 위로는 모든 근심에서

헤쳐 나가는 용기를 주었습니다.

오늘 우리에게 주신 성령이 그렇습니다.

성령님이 우리를 쓰다듬어 주는 손길이

우리에게 위안이 됩니다.

모든 근심을 이기는 용기를 줍니다.

바로 은혜로 와 닿는 것입니다.

◆

약간의 설탕이 음식을 달게 하고
한 줌의 햇살이 식물을 싹트게 하고
조그만 연필이 책 한 권을 다 쓰게 하고
짧은 초가 하룻밤을 밝히게 합니다.
작은 것은 결코 보잘것없는 것이 아닙니다.
나사렛 예수님이 그러했습니다.

◆

감사는 천국의 정원을 장식하는 최고의 꽃다발.
인간을 가장 아름답게 만듭니다.
감사는 하나님과 가까워질 수 있는 최고의 도구.
감사만큼 우리를 풍성하게 하는 것이 있을까요?
감사할 것이 도무지 없는데도 감사해 보았나요?
이때 감사의 신비가 드러납니다.

◆

오늘 나의 어려움 속에도 하나님의 뜻이 담겨 있기에
하나님은 어려움을 도구 삼아 나를 이끌어 가십니다.
지금 실패한 것처럼 보여도
하나님 안에서 합력하여 선을 이루는 것을 봅니다.

◆

도가니는 은을
화덕은 금을 단련하지만
주께서는 사람의 마음을 단련하시니
내 삶의 고통은 하나님이 베푸시는 축복으로의 통로.

◆

사람들은 감사하기보다 불평의 요소를 찾기에 급급합니다.

나는 내가 가지지 못한 것으로 불행하다고 생각합니다.

그러나 다른 사람은 내가 가진 것을 보며

행복할 것이라고 부러워합니다.

오늘 내게 주신 감사를 생각해 보세요.

감사하는 마음이 진정한 예배입니다.

◆

감사의 씨앗을 뿌리면

감격의 열매를 얻게 되고,

감사로 하나님께 나아가면

감동적인 은혜로 화답하십니다.

◆

감사합니다. 고백하면 하나님은 우리를 향하십니다.

감사합니다. 기도하면 주님은 우리를 토닥이십니다.

감사합니다. 찬양하면 미소 지으며 기뻐하십니다.

감사합니다. 보름달처럼 차오르는 내 마음의 평안.

◆

감사는 하나님과 가까워질 수 있는 최고의 도구.

감사만큼 우리를 풍성하게 하는 것이 있을까요?

감사할 것이 도무지 없는데도 감사해 보았나요?

이럴 때 감사의 신비가 드러납니다. 하나님이 계시니까요.

◆

"여호와께 감사하라

그는 선하시며 그 인자하심이 영원함이로다"(시 107:1).

이와 같거나 비슷한 구절이 성경에 서른 번도 넘게 나옵니다.

우리가 항상 기억해야 할 말입니다.

감사는 축복입니다.

◆

추수를 앞둔 농부의 마음처럼

한 알 한 알 영근 곡식에 감사한다면

당신의 삶에도 한 알 한 알 영근 축복이 임합니다.

◆

감사할 수 있는 조건을 상대에게서 찾기에

상대방이 나에게 잘해 주기를 바라면서

그러지 않으면 불만을 갖습니다.

하지만 당신은 상대방에게

감사받을 수 있는 조건의 사람인가요?

당신의 생각이 여기까지 미친다면

감사가 당신 주변에 머물 것입니다.

하나님께도 마찬가지입니다.

◆

삶에 지치고 힘이 들 때 벗어나는 길은
희망을 만드는 일입니다.
희망은 상상만으로 되는 것이 아니라
뭔가를 시작할 때 생깁니다.
하나님을 믿고 시작해 보세요.
지금 당장!

◆

신앙생활을 잘 하려면 마음의 자세가 중요합니다.
순수한 마음으로 하나님을 믿고, 단순한 삶을 살도록 하세요.
오늘을 주신 하나님을 바라보며
사사로움을 적게 하고 욕심을 멀리하세요.
그러면 하나님의 은혜가 내 안에서 아름답게 자랍니다.

◆

가보지 못한 길을 갈 때는 두렵고,

해보지 않은 일을 할 때는 부담스럽습니다.

그러나 하나님과 함께라면 새롭고 기대됩니다.

세상의 기원이신 하나님의 품에 안겨 있기에.

◆

과거는 잊기 쉽고

현재는 불평하기 쉽고

미래는 외면하기 쉽습니다.

과거를 교훈 삼아

현재를 감사하고

미래에 소망을 두는 것.

하나님의 사람이기에 가능합니다.

◆

앞마당에는 목련꽃,

뒤 언덕에는 벚꽃.

내 마음에는 그리스도의 꽃이 피었습니다.

오늘, 절망 벗어나기

여호와는 나의 반석이시요 나의 요새시요 나를 건지시는 이시요 나의
하나님이시요 내가 그 안에 피할 나의 바위시요 나의 방패시요 나의
구원의 뿔이시요 나의 산성이시로다 (시 18:2)

'이글루'란 에스키모들이 얼음과 눈으로 만든 집을 말
합니다. 그런데 놀라운 것은 바깥은 영하 30도 이상이나
되는 세찬 바람이 불어도 그 안에서는 갓난아기를 키울
수 있을 정도로 따뜻하다는 것입니다. 갓난아기가 세찬
추위를 이기기를 바라는 것은 무리입니다. 그러나 이글
루가 있다면 그 안에서 자라며 추위에도 사냥하여 먹을
것을 구해 오는 아이로 성장할 것입니다.
　우리 마음에도 이글루가 필요합니다. 나만의 어떤 세
계가 있어야 한다는 말입니다. 독서가 당신의 이글루가
될 수 있고, 가정이 당신의 이글루가 될 수 있습니다. 그
러나 궁극적으로 어떤 일에도 무너지거나 금이 가서 바
람이 새어 들어올 수 없는 이글루가 있는데, 그것은 신

앙입니다. 다윗은 자주 '하나님은 나의 산성'이라는 고백을 하곤 했습니다. 바로 이글루와 같은 것이지요. 그는 하나님만이 진정한 힘이시며 방패이심을 믿고 하루하루 하나님과 동행했습니다.

두려움에 떨거나 괴로워하지만 말고 이글루를 가지세요. 그리고 그 안으로 들어가세요. 이글루가 있으면 세찬 바람 앞에 나가는 것도 염려되지 않을 것입니다.

◆

큰 시련을 견뎌 낸 사람은 승리한 사람입니다.

고난을 제대로 견뎌 낸 사람은 삶을 다르게 받아들이게 됩니다.

다른 사람이 보지 못하는 것을 보고,

다른 사람이 느끼지 못하는 것을 느끼고,

다른 사람이 깨닫지 못하는 것을 깨닫고,

다른 사람은 다 포기하는 것을 붙드는 것.

그것이 바로 신앙입니다.

◆

문제를 피하려고 바다로 갔더니

산더미만 한 파도가 몰려옵니다.

그러나 그 파도를 즐기며 서핑을 할 수 있습니다.

파도에 실망해서 산으로 갔지만

너무나 험준해서 오르기를 포기합니다.

그러나 뜻밖의 경치를 발견하여

새로운 마음을 다질 수 있습니다.

문제는 나 자신일 뿐입니다.

◆

겸손하게 드리는 기도는

하나님의 뜻이 무엇일까를 생각하며 의지하는 것입니다.

주님, 내가 여기 있사오니 나를 받아 주소서.

◆

고통을 겪을 때 진정한 평안을 갈망하게 됩니다.
그러므로 고통은 하나님께로 향하는 축복의 통로입니다.

◆

'왜 이리 내게는 시험이 많은가' 생각할 때가 있습니다.
방법과 모양이 다를 뿐 누구나 시험을 경험합니다.
시험을 당하지 않는 것보다 극복하는 게 중요합니다.
때로 3월의 눈처럼 고난이 다가와도
참 신앙인은 자신의 약함을 걱정할 뿐
시험을 걱정하지 않습니다.

◆

한 번의 물결은 더 강한 물결을 몰고 옵니다.

믿음을 가진 사람은

하나님의 뜻과 인도하심에 자기를 맡깁니다.

한 걸음씩 나아가기도 하고

가만히 서서 파도가 지나가기를 기다리기도 합니다.

하나님은 만물을 주관하실 뿐 아니라

이 파도도 주관하시고,

내 마음도 주관하시니까요.

◆

감정과 현상에 치우친 신앙생활은 결국 처량해집니다.

바르게 신앙생활을 하다 보면 적적할 때가 있지만

신앙은 바르게 흔들림 없이 나아가는 것입니다.

◆

편안한 곳에서도 고난을 생각하고

역경 속에서도 평안을 꿈꿉니다.

이런 사고방식은 삶을 균형 있게 이끌어 가는 좋은 태도입니다.

오늘 어려움 속에서 하나님의 평강을 생각하고

오늘 평안 속에서 시험을 준비하는 자야말로

진정한 신앙인입니다.

◆

내가 희망을 버리지, 희망은 나를 버리지 않습니다.

내가 하나님을 버리지, 하나님은 나를 버리지 않습니다.

영원한 희망이신 하나님을 모시고 사는 것.

그것이 신앙입니다.

◆

내가 신앙생활을 하는데도

하나님의 역사가 미흡하다는 생각이 들 때가 있습니다.

하나님이 안 계신 것도 아니고,

하나님이 상관하지 않으려고 하는 것도 아닙니다.

내 신앙에 문제점이 없는지 먼저 살피고,

하나님의 때와 손길을 바라보고 기다려야 합니다.

한결같은 신앙만이

우리를 참 신앙으로 다듬어 가는 것이니까요.

◆

태풍 후 맑은 날이 다가옵니다.
그것을 알기에 고통을 탓하지 않습니다.
오히려 하나님의 인도하심을 봅니다.

◆

축복의 자리까지 가는 인내가 없어
고통에서 맴도는 사람이 있습니다.
하나님이 충분히 기뻐할 사람인데
한순간 스스로 그것을 깨트리거나
흩어 버리고 마는 안타까운 행동을 하는 사람도 봅니다.
물론 하나님 앞에 다시 새롭게 설 수 있습니다.
그러나 모든 행위는 흔적을 남기기 때문에
자신을 컨트롤 하는 것이 유익합니다.

역경을 이겨 내는 자는 많지만

형통을 이겨 내는 자는 적고,

가난을 이겨 내는 자는 많지만

부귀를 이겨 내는 자는 적습니다.

우리의 생각과 실제는 정반대일 때가 많습니다.

그러므로 하나님의 눈으로 봐야 합니다.

‘위기는 기회’라는 말은 잘 알지만,

왜 우리는 기회로 살리지 못할까요?

인내가 부족하기 때문입니다.

무엇보다 ‘위기’를 ‘위기’로 인정하지 않기 때문입니다.

하나님을 믿는 사람은 하나님의 인도하심을 믿습니다.

하나님의 섭리 안에서는
나의 잘못이 오히려 잘 되는 결과도 있고,
내 마음에 들지 않아도 그것이 축복일 수 있습니다.
참 마음으로 믿고 따르면
결국 은혜와 축복을 확인하게 되고
하나님께 찬양을 돌리게 됩니다.

오늘, 기도하기

여호와께서 내 간구를 들으셨음이여 여호와께서 내 기도를 받으시리
로다 (시 6:9)

겨울을 잘 보낸 사람은 누구일까요? 그리스도인이 잘 아
는 다윗을 들 수 있습니다. 그는 어린 시절 많은 형제 가
운데 자랐지만 외롭게 보냈을 것입니다. 밤에 홀로 양을
치는 일을 했음을 여러 번 말한 것을 보면 틀림없습니다.

그러나 그 밤을 그냥 보내지는 않은 것 같습니다. 하
나님께 기도를 드리고, 하나님이 주신 사명이 무엇이며,
앞으로 무엇을 할 것인지를 생각하며 시를 짓는 일들을
했을 것이며, 수금을 타면서 노래를 부르고 하나님을 찬
양했을 것입니다. 그렇지 않고서야 나중에 어른이 되었
을 때 한순간 그것들을 잘할 수는 없는 일이니까요.

그 후 다윗은 골리앗을 무찌르고 국민의 영웅이 되었
습니다. 그러나 그로 인해 사울 왕의 미움을 받아 기나
긴 세월 동안 도망 다녀야 하는 신세가 되었습니다. 어

떤 면에서 보면 인생의 봄이었지만, 실제의 삶은 겨울이었을 것입니다.

그가 위대한 왕이 된 것은 바로 이 겨울을 잘 보내고, 봄을 기다리며 준비했기 때문입니다. 어쩌면 그는 겨울이 너무 길다고 생각했을지도 모릅니다. 그러나 봄은 오고야 말았습니다. 혹독한 겨울을 견뎌 낸 후 맞은 봄은 너무나 아름다웠습니다.

다윗이 이처럼 아름다운 봄을 맞이할 수 있었던 것은 작은 일 하나도 하나님께 묻고, 구했기 때문입니다. 그는 하나님께 진실하게 구하고 대화하며 인생의 사계절을 견뎠습니다. 다윗이야말로 성경 속 여러 사람들 가운데 가장 아름다운 봄을 맞이한 사람 중 하나일 것입니다.

◆

기도는 낮아짐을 요구하지만

하나님의 높음으로 나아가는 길입니다.

기도는 머리를 숙이게 하지만

그리스도의 날개로 날게 합니다.

◆

시력이 있으나 비전이 없는 사람은,

비록 앞을 보지 못하나

비전을 가지고 있는 사람보다 비참합니다.

이것을 통해 무엇을 기도해야 하는지 알게 됩니다.

◆

내가 하나님 앞으로 나온다는 것은
하나님이 필요하다는 것.
하나님 앞에 나왔다는 것은
하나님의 손길을 얻기 위함이니
그러므로 솔직하게 무릎을 꿇고 기도합니다.

◆

기도는 영혼의 호흡.

기도는 향내 나는 제사.

기도는 소망의 문을 여는 것.

◆

하나님이 우리를 섬기는 것이 아니라

우리가 하나님을 섬깁니다.

기도의 응답 또한 하나님께 있음을 알기에

열심히 기도합니다.

◆

성경은 기도에 대해 말씀합니다.

"지혜가 부족하거든 후히 주시는 하나님께 구하라.

그리고 믿고 의심하지 말라.

의심하는 것은 바람에 밀려 요동하는 물결과 같다.

이런 사람은 받을 수 없는 두 마음을 품어

모든 일에 정함이 없는 사람이다"(약 1:5-8 참고).

한마음으로는 수많은 은혜를 받을 수 있지만,

두 마음으로는 어느 것도 받을 수 없습니다.

◆

세공의 기간은 원석에게는 가장 힘든 때이지만
그 과정을 거치면 비로소 보석이 되어 나옵니다.
그 세공자가 하나님이시기를 바라며
우리는 기도하는 것입니다.
보석이 되는 그날을 기대하며.

◆

기원은 누구나 할 수 있고, 기도는 어느 종교에도 있습니다.
기도의 대상이 명확하고 분명한 중보자가 있는 것은
기독교밖에 없습니다.
우리가 할 일은 온전히 의지해서 기도하는 것입니다.

◆

자기를 믿는 사람은 출렁이는 물결을 만날 때
의지할 대상이 자신밖에 없습니다.
기도는 가장 아름답고 강력한 의지입니다.

◆

별은 지거나 떠오르지 않습니다.

언제나 존재하지만,

지구가 돌기 때문에 보였다 안 보였다 하는 것입니다.

하나님의 진리도 그러합니다.

언제나 주위에 가득하지만,

우리가 보지 못하거나 보지 않는 것이지요.

◆

속단은 불행을 끌어들이고
지연은 다가온 행복을 놓치게 합니다.
우리는 얼마나 많은 잘못을 되풀이하며 사는지요.
개선할 마음은 있지만 습관의 변두리를 빙빙 돌곤 합니다.
하나님의 길을 따라가세요. 기도로 가능합니다.

◆

하나님을 '기도에 무조건 응답하는 자판기'로 취급하지 마세요.
온전하신 하나님은
지금 응답하시기도 하나, 나중에 응답하시기도 합니다.
때로는 이렇게, 혹은 저렇게 응답하실 수 있습니다.
심지어는 응답하지 않는 것이 나를 위해 좋을 때에는
그렇게도 하시는 분입니다.
하나님은 우리의 주관자시니까요.

오늘, 성령 사모하기

무릇 하나님께로부터 난 자마다 세상을 이기느니라 세상을 이기는 승리는 이것이니 우리의 믿음이니라 (요일 5:4)

구약에 나오는 다니엘은 환경과 상관없이 하나님을 신뢰하고 따른 사람입니다. 그는 어린 나이에 바벨론에 포로로 잡혀 왔습니다. 그에게 무슨 희망이 있었겠습니까? 세상의 관점으로 볼 때 어느 것도 내세울 것이 없는 패망한 나라의 어린 사람일 뿐이었습니다. 자신의 출신을 내세우는 것은 상대방으로 하여금 업신여김을 받을 뿐이라는 두려움이 있었고, 어떻게 살아야 할지 막막하기만 했을 것입니다.

그러나 이 모든 것을 극복할 수 있었던 것은 하나님을 향한 믿음이었습니다. 그는 절망의 자리에서 믿음으로 새롭게 시작했습니다. 만약 그가 패망해 가는 유다 땅에 그대로 살았더라면 신분은 귀족이었겠지만, 아무것도 할 수 없는 처지였을지 모릅니다. 그러나 오히려 그의 나라가 망함으로 그가 바벨론에서 새 인생을 시작할 수 있었다고 해도 지나치지 않을 것입니다. 역설적이지만 그것은 사실이 되었고, 다니엘은 오히려 역동적인 삶을 살게 되었으니까요. 어두운 포로생활이지만 하나님이 함께하시고 역사하신다는 믿음이 있었기 때문에 그런 상황에서도 꿋꿋하게 살아가는 힘을 얻게 된 것입니다.

우리도 하나님을 신뢰하며 소망을 향해 나아가야 합니다. 오늘도 하나님이 나를 인도하신다는 믿음이 굳건하고, 하나님과 함께한다는 자부심과 감격을 느낀다면, 우리가 있는 자리에서 하나님의 역사를 경험하게 될 것입니다.

◆

평범한 사람이
놀랍고 탁월한 일을 해내는 경우가 있습니다.
세상은 요행이라고 하지만,
우리는 하나님의 은혜라고 합니다.

◆

천사는 자기 무게를 가볍게 하기에 날 수 있고,
사탄은 제 무게에 못 이겨 추락합니다.
욕심을 내게서 들어낼 때
내 영혼은 깃털처럼 날아오릅니다.

◆

내 마음 가득
하나님의 사랑과 온전한 언어가 있다면
우리의 생각은 항상 평온을 유지할 거예요.
그러나 이것은 하나님을 마음에 모시고
따를 때 가능합니다.

◆

결핍은 하나님의 존재를 부정하는 근거가 아니라
하나님을 의지하게 하는 근거입니다.

◆

의지하지 말아야 할 것을 의지하면 위태로운 지경에 빠지고
하지 말아야 할 일을 하면 결국 낭패를 당합니다.
밤마다 내 심장이 나를 교훈합니다.
나의 잔의 소득인 하나님을 의지하면 건실해집니다.
나의 분깃을 지키는 하나님이 기뻐하시는 일을 할 때
능력을 입게 됩니다.

◆

진심으로 하나님께 다가서 보세요.
우리 영혼을 갉아먹는 것은 다른 어느 것이 아닌
순수하지 못한 나의 마음입니다.

◆

값진 인생을 살려면 어떻게 해야 할까요?
모든 것을 가능하게 하시는 하나님을 믿을 것.
내게 주신 한계를 인식하되,
스스로 한계를 만들지 말 것.
하나님을 의지할 때 이 모든 게 가능합니다.

◆

하나님 안에서 새로운 용기를 얻고 힘차게 나아가세요.

막다른 상황에서 사람은 변합니다.

자신을 바꾸어 하나님을 의지하면 하늘이 열립니다.

내 이름을 손바닥에 새기고 잊지 아니하시는 그분.

오직 하나님을 잊지 마세요.

신앙의 나무가 바르게 서 있으면
의심의 바람이 몰려와 나무를 흔들어 댑니다.
그러나 그 바람으로 인해
나무는 더 굳건히 서게 됩니다.
때로 우리 몸의 균들은 죽음에 이르게 하는 게 아니라
면역체를 형성시켜 건강하게 이끌어 갑니다.
시련이 없는 인생, 의심이 없는 신앙을 원하기보다는
오히려 믿음이 풍성하게 되도록 해야 합니다.
죽여도 죽지 않는 믿음으로 나아가기 위해….

◆

현실을 보며 하나님을 판단하지 말고
현실 위에 역사하시는 하나님을 바라보세요.
미래로 이끄시는 하나님의 손길을 의지하세요.
우리의 눈은 현실을 직시하되
미래의 희망에 가 있어야 합니다.
현실의 난관에 매이면 한 발자국도 나아가기가 힘듭니다.
나의 분깃을 지키시는 하나님을 의지하여 훌쩍 날아오르세요.

◆

내가 가장 위험한 때는
약할 때가 아닙니다.
하나님을 붙들지 못할 때입니다.

◆

잠시 떠나고 싶다는 마음은

새롭게 시작하겠다는 의지여야 합니다.

돌아오지 않는 떠남은 영영 이별로 이어지니까요.

새롭게 시작하는 마음은 은혜를 체험할 때 강력해집니다.

◆

성도로서 하나님 앞에 나아올 때마다

늘 새로운 시작이라는 다짐으로 나아온다면

그에게는 새로운 은혜가 임하는 것을 보게 됩니다.

어제까지 혼란스레 헝클어진 마음자리에서 벗어나

새로운 마음으로 주님 앞에 예배하면

오늘 새롭게 역사하시는 성령님의 손길을 체험합니다.

◆

누구도 과거로 돌아가서 새롭게 시작할 수 없지만
지금부터 시작해서 새로운 결말을 얻을 수는 있습니다.
우리 신앙이 희망적인 이유가 여기에 있으니
예수님을 의지하면 됩니다.

◆

어떤 사람은 정적인 요소가 강하고,
어떤 사람은 동적인 요소가 강합니다.
그렇다고 둘 중에 하나라도 무시되어서는 안 됩니다.
신앙의 요소는 이 두 가지가 공존합니다.
내 마음속에서도 하나님의 말씀을 그대로 듣는
정적인 요소가 있는가 하면
마음을 하나님 앞에 쏟아 내놓는
찬양과 기도와 헌신과 같은 동적인 요소가 있습니다.
이 두 요소를 생각하고 가꾸어 가야 합니다.

◆

나무가 앙상한 가지를 드러냈습니다.

겨울 내내 을씨년스런 소리만 낼 것입니다.

그러나 나무는 죽은 것이 아니라 봄의 싹을 품고

무성한 이파리 사이로 소망의 열매를 키워 나가겠지요.

여전히 창조를 멈추지 아니하시는 하나님.

우리는 그분의 손길을 소망합니다.

오늘, 가능성 믿기

오직 여호와를 앙망하는 자는 새 힘을 얻으리니 독수리가 날개 치며
올라감 같을 것이요 달음박질하여도 곤비하지 아니하겠고 걸어가도
피곤하지 아니하리로다 (사 40:31)

내 서재에는 언젠가 외국에 갔을 때 구입한 흙으로 빚은
독수리 조형물이 있습니다. 값싼 것이지만 단순한 그 모
습이 좋아 선반 위에 올려놓고 봅니다. 한번은 청소하다
날개가 부러졌지만 붙여서 그대로 두고 봅니다. 나 자신
에게 실물 교육을 하자는 것인데, 이미지 교육인 셈이지
요. 독수리처럼 날아오르고 싶은 마음에서 그렇게 하는
것입니다.

　내가 가지고 있는 독수리는 흰머리수리입니다. 가장
먼저 떠오르는 독수리의 인상은 그 위용이 강인하고 늠
름하다는 것입니다. 나는 모습이나, 쏜살같이 내려와 먹
이를 낚아채 오르는 모습은 섬뜩할 정도로 예리하고 빠
르며 힘찹니다.

성경을 읽는 사람들이 독수리를 좋아하는 것은 이사야서 말씀 때문일 것입니다.

"오직 여호와를 앙망하는 자는 새 힘을 얻으리니 독수리가 날개 치며 올라감 같을 것이요 달음박질하여도 곤비하지 아니하겠고 걸어가도 피곤하지 아니하리로다"(사 40:31).

참 좋은 말씀이지요? 우리가 인생길을 걸어가야 하고, 때로는 달려가느라 피곤해지고 몹시 지칠 때가 있지만 독수리처럼 날개 치며 올라간다면 얼마나 좋을까요?

말씀 속에서 어려움이 많은 세상을 뛰어올라 하늘로 나는 것이 느껴지지 않나요? 하나님을 우러러 바라보는 사람은 하나님으로부터 새 힘을 얻어 날아오를 것입니다. 하나님의 은혜는 이처럼 삶을 변화시키는 참으로 놀라운 은혜입니다.

◆

하늘을 날거나 물 위를 걷는 것만이 기적이 아니라
내가 산다는 것이 기적이고,
하나님의 품에 안겼다는 것이
최고의 기적 아닐까요?

◆

더 나은 삶을 살기 위해서는 변화가 필요하며
아름다운 변화를 얻기 위해서는 하나님을 모셔야 합니다.
하나님의 손길 안에서 하나님과 함께
그 일들을 이루어 간다면
우리는 허무하지 않을 것이며 진정한 보람을 얻게 됩니다.
영혼의 중심이 잡히지 않은 성취는
또 다른 한계 속의 변화일 뿐입니다.

◆

시작은 지극히 미미하여 관심을 끌지 못했을지라도
어느 순간 힘을 발하고 다른 것과 융합하여
놀라운 자리까지 나아가는 경우를 종종 봅니다.
지금 당신이 지극히 미약하여 눈앞의 결과만 보일지라도
어느 순간 시냇가에 심은 나무처럼 과실을 맺으며
잎사귀가 마르지 아니함 같은 형통한 날을 주십니다.
그런 하나님을 바라보세요.

◆

건축자의 버린 돌이 집 모퉁이의 머릿돌이 되게 하시니

이는 여호와의 행하신 것이며 우리 눈에는 기이할 뿐입니다.

내가 주의 법도를 택하였사오니

주의 손이 항상 나의 도움이 되십니다.

◆

인생에서 가장 중요한 것은

삶의 의미를 갖고 열정을 불태우는 것입니다.

그 의미를 하나님으로부터 얻어 보세요.

말씀을 읽고, 예배를 드리고, 기도해 보세요.

하늘로부터 얻는 삶의 의미는

우리를 영광스럽게 전진하도록 만들 것입니다.

◆

'어떤 신앙인으로 살 것인가? 어떤 예배를 드릴 것인가?'
늘 묵상하는 태도는 삶의 질을 높입니다.
그 위에 사랑과 겸손, 감사의 자세를 늘 기억한다면
세 가지 보물을 지녔다고 할 수 있습니다.

◆

'잘사는 것'에만 집중하다 보면
답을 찾지 못한 채 내 안은 텅 빈 것처럼 느껴집니다.
'내가 무엇을 성취해야 하는가'에만 집중하면
답은 알지만 내 안에 혼란만 가득 찬 것처럼 여겨집니다.
하나님을 기뻐하는 삶을 살면
하나님과 그분의 은혜로 마음이 가득 채워집니다.

◆

목표를 향해 방향을 잡고 열정을 불태워 보세요.
하나님도 기뻐하시고
자신에게도 좋은 목표를 가져 보세요.
하나님께 기도하며 그 일을 향해 달려가 보세요.
하나님은 성령님을 통해 도우시고
영광을 거두실 것입니다.
그럴 때 당연히 열정의 열매를 얻게 될 것입니다.

◆

화원에 들어갔을 때를 기억해 보세요.

꽃들이 저마다 고개를 들고 피어 있는 것을 보면

하나님을 찬미하듯 아름답고 성스러워 보입니다.

우리 영혼이 밝게 웃는 얼굴로 하나님을 향해 있다면

은혜가 충만한 모습이겠지요.

은혜받은 한 영혼도 아름다운데

모든 영혼이 함께 그러하다면

얼마나 아름다운 성령의 꽃밭이 될까요.

◆

때로 눈앞의 문제들로 인해 힘들어 합니다.

해결책을 발견하지 못해 괴로워합니다.

이 땅의 모든 문제는 하나님에 의해 해결됩니다.

눈을 들어 하늘을 보고

하나님의 손길을 구하세요.

◆

우리는 눈에 보이는 것을 붙잡아

믿음의 근거로 삼으려 합니다.

그러나 내 눈이 보는 것이 확실한 것인가요?

내 마음에 담긴 하나님이야말로 신뢰할 수 있는 분입니다.

◆

가난과 궁핍이 다르듯 사모함과 결핍은 다릅니다.

우리 자신이 부족하고,

하나님의 능력이 필요할 때 사모하는 영혼을 가져 보세요.

사모하는 영혼을 만족하게 하시며

주린 영혼에게 좋은 것으로 채워 주시는

주님을 만나게 됩니다.

◆

물질이 없으면

삶의 기준을 낮추면 되지만

평강이 없으면

그 어떤 것으로도 채울 수 없음을 깨닫습니다.

하나님의 평강이

당신을 지키기를 기도합니다.

◆

내 눈앞에 보이는 것이 전부인 양 느껴질 때
우리는 현실의 노예가 됩니다.
그러나 눈에 보이지 않는 하나님을 바라볼 때
우리는 영원을 소유한 주의 자녀가 됩니다.

◆

자연은 우리를 치유하는 힘을
가지고 있습니다.
그러나 영혼이 힘을 얻지 못하면
진정한 치유를 누리지 못합니다.
내 영혼의 치료자 되시는
주님만 바라보세요.

오늘, 믿음 다지기

오직 너 하나님의 사람아 이것들을 피하고 의와 경건과 믿음과 사랑과

인내와 온유를 따르며 믿음의 선한 싸움을 싸우라 (딤전 6:11-12 상)

신앙생활을 하고 하나님 앞에서 살려면 '왜 내가 하나님을 섬겨야 하는지'에 대한 절대적인 이유를 확신해야 합니다. 성 어거스틴은 그것을 '평화'라고 했습니다. 하나님을 모시기 전에는 내 속에 참된 평화가 존재할 수 없다고 고백했습니다. 하나님을 섬기지 않고는 내 마음의 공허함을 해결할 수 없다는 것입니다. 즉, 하나님을 섬기는 것이 수단이 아니라 절대적인 목적이 되는 것입니다. 너무도 간단하지만, 이것이 확실하다면 그다음에 내 삶의 방식은 쉬워집니다.

　신앙도 마찬가지입니다. 신앙의 본질을 정확히 이해하고 기본기가 된 사람, 하나님 앞에서 이 문제가 확실히 해결된 사람은, 그다음부터 하나님과 교제하고 동행하는 삶에 탄력이 붙기 시작합니다. '왜 내가 하나님을

믿어야 하는가? 왜 믿지 않으면 안 되는가?' 오늘 하나님께서 내게 형통을 주시거나 어려움을 주시거나 그것에 상관없이 왜 하나님을 섬기고 살 것인가를 자신에게 물어봐야 합니다. 우리가 성숙하게 신앙생활을 하고, 하나님 앞에 은혜롭고 감동적인 삶을 살려면 기본부터 되어야 합니다.

하나님의 은혜 안에서 예수 그리스도를 만나면 구원을 입는데, 그 구원은 영혼의 구원뿐 아니라 삶의 구원, 즉 오늘의 삶을 새롭게 이끕니다. 주님께 의지하면 오늘 우리는 생명의 은혜 속으로 들어가게 됩니다. 그러므로 우리는 날마다 예수 그리스도를 의지하고 하나님의 구원의 능력과 생명을 입어야 합니다.

◆

나는 그리스도인입니다.

주 안에서 그분과 함께 살아갑니다.

그렇게 하나님의 긍휼하심을 받으며

이 땅에 살다가 천국으로 갈 겁니다.

그 모든 일을 이루고 '하나님 앞으로 돌아가는 것'이지요.

이것이 오늘 우리가 주 안에서 살아야 하는

분명한 이유입니다.

◆

얕은 지식은 교만하게 만들고,

깊은 지식은 신중하게 만듭니다.

영의 지식은 믿음을 만들고,

하나님의 능력을 힘입게 합니다.

헛것 같고 지나가는 그림자 같은 내 인생이

하나님으로 인해 날아오릅니다.

♦

내 삶은 내가 만들어 가는 것입니다.
좋은 삶을 살기 위해서 좋은 꿈을 가지세요.
가장 좋은 꿈은 바른 신앙에서 나오는 것입니다.
바른 신앙은 이상적인 삶으로 나를 이끌어 갑니다.
미래를 향한 나의 발걸음을 결코 멈추지 마세요.
나의 앉고 일어섬을 아시는 하나님을 의지하여
앞으로 나아가세요.

잠깐 눈을 감아 보세요.

내 삶이 하염없이 어려울 때면….

만물을 통해 하나님께서 가르쳐 주시는 교훈들이

무엇인지 생각해 보세요.

나무도 눈에 보이지 않는 봄을 준비하고 있답니다.

하나님은 만물을 통해 메시지를 심어 놓으셨어요.

봄이 왔건만 포기하고 주저앉아 있기만 할 건가요?

봄처럼 다가와 나를 안으시는 성령님의 음성을 잊지 마세요.

◆

하나님 앞에 나아와 예배하고

하나님을 의지하면

하나님이 더 잘 보이고,

고난을 더 잘 이겨 나갈 수 있습니다.

그럴 때 당신은 한없이 좌절만 하고 있지 않을 것입니다.

하나님은 이길 능력을 주시니까요.

나의 힘이 되시는 여호와를 사랑할 수밖에 없습니다.

◆

낚시꾼이 낚싯대를 물에 드리워 놓듯

은혜를 갈구하는 자의 마음은

늘 하나님께 드리워져 있어야 합니다.

왜냐하면 우리에게 은혜가 언제 임할지 모르니까요.

◆

기운을 북돋우는 좋은 방법은
다른 사람의 기운을 북돋우는 것.
하나님의 은혜를 입는 좋은 방법은
하나님을 찬양하는 것.

◆

성경을 단순히 보면 또 하나의 고전에 불과하지만,
내게 주시는 말씀으로 보면
하나님의 놀라운 손길을 느낄 수 있습니다.
오늘 주시는 말씀이 당신을 위한 것이라고 마음을 연다면
당신은 하나님의 음성을 듣게 됩니다.

◆

눈이 내리고 또 내립니다.
'겨울이 더욱 깊어지는 걸까?'
'봄은 영영 오지 않는 걸까?'
의심이 될 때 달력을 봅니다.

시련이 오고 또 옵니다.
'고통이 더욱 깊어지는 걸까?'
'진정한 해결은 없는 걸까?'
의심이 될 때 성경을 봅니다.

◆

앙상한 가지 사이로

주검의 소리를 내는 겨울나무를 보면

여름에 울창한 숲을 이룰 것이라는 것을 알면서도

의심하게 됩니다.

사막에 샘이 넘쳐흐르고

사막에 꽃이 피어 향내가 난다는 말씀은

단지 상상만의 언어가 아닙니다.

실제 그곳에 가 보면 그런 신비한 현상을 볼 수 있으니까요.

메마른 내 영혼을 소생시키시는 하나님이 계시기에

우리는 겨울을 묵묵히 이겨 나갑니다.

그래서 당신,
오늘부터 주님과

풍성한 삶을 향해

주님처럼, 사랑이 필요한 곳으로

우리가 그를 전파하여 각 사람을 권하고 모든 지혜로 각 사람을 가르침은 각 사람을 그리스도 안에서 완전한 자로 세우려 함이니 (골 1:28)

우리나라가 해방을 맞이한 1945년 8월 15일, 정오 방송을 통해서 일왕은 일본의 패전을 인정하고 항복을 선언했지요. 당시는 라디오도 귀해서 일부 사람들만 라디오 수신기를 가지고 있던 시절이었습니다. 그렇다면 그 좋은 소식을 먼저 들은 사람들은 어땠을까요? 당연히 다른 사람에게 알려 주고 싶지 않았을까요? 감격과 책임 의식을 가지고 뛰쳐나와서 자기가 들은 소식을 외치고 싶지 않았을까요? "우리나라는 해방되었다! 일본이 망했다! 항복했다!"라고 외치지 않는 사람이 이상한 사람 아닐까요?

이처럼 하나님의 능력을 힘입고 은총 속에서 감격으로 살아가는 사람이라면, 그것을 다른 사람들과도 나누고 싶은 게 자연스러운 현상이지요. 은혜에 빚진 자로서 이것은 지극히 당연하고 정직한 일입니다.

　세상 사람들은 내가 목사니까 이렇게 말한다고 할지 모르지만 나는 인간이 참된 구원을 받고 진정으로 은혜의 감격을 가지고 세상을 바르게 살아가는 길은 주 예수 그리스도뿐임을 확신합니다. 복음이야말로 생명을 구원하시는 하나님의 은총입니다.

한 영혼, 한 영혼을
소중히 여기며 사랑하는 마음으로
주님 앞으로 인도합니다.
한 영혼이 구원을 받으면 새 생명을 얻고,
삶의 중심을 잡고,
삶의 질이 달라지고,
마음에 참 평안을 얻게 됩니다.
그리스도의 새 생명의 은혜가
온 땅에 가득 찰 것을 생각하면
은혜가 넘칩니다.

날씨가 추워지는 12월이면
성냥팔이 소녀가 생각납니다.
어느 누구에게도 사랑받지 못했던 아이,
우리 주변에 있을 법한 아이,
내 눈에 스쳐 지나갔을 법한 아이.
눈을 열고 이런 영혼을 발견하여
교회 안으로 인도할 수 있다면
그와 더불어 따뜻한 은혜를 나눌 수 있을 것입니다.

예수님을 믿고 하나님의 자녀가 된 뒤
당신은 하나님을 위해 무엇을 하였나요?
가장 소중한 일은 사람들을 구원시키는 일입니다.
당신이 이 일에 동참하면 하나님은 미소를 지으십니다.

🏠

혼자 꾸는 꿈은 꿈으로 끝날 수 있지만
많은 사람이 함께 꾸는 꿈은 현실이 됩니다.
혼자 드리는 예배는 내 영혼을 만족시키지만
많은 영혼이 함께 드리는 예배는 현실적인 은혜를 줍니다.
많은 촛불이 모이면 세상을 밝히는 빛이 되듯이.

🏠

생의 끝에서 모든 것은 사라지고
하나님을 위해 한 일만 남을 것입니다.
그중에 가장 고귀한 것은
형제를 구원한 일일 겁니다.

내가 처음 믿었을 때는 신앙을 의심하기도 했습니다.

은혜를 느꼈을 때도

주님이 주실 더 큰 은혜에만 관심을 가졌습니다.

그러나 내가 주님을 확신했을 때

비로소 주님을 기쁘게 해드릴 것이 무엇인지

생각하기 시작했습니다.

이제 나는 어떻게 하면

주님이 원하시는 대로 삶을 실천할까 열정을 갖습니다.

전도는 부담스런 과제가 아닙니다.

당신이 할 수 있는 가장 고상한 일이며,

하나님이 기뻐하시는 사역입니다.

전도를 할 때
상대방의 거부나 무반응에 맞닥뜨리게 되면
나도 모르게 '과연 계속해야 할 것인가?' 하고
흔들리게 됩니다.
사실 상대가 강한 것이 아니라
나 자신이 약한 것입니다.
당신은 아름다운 소식을 전하는 자임을
잊지 마세요.
그들을 위한 참 은혜의 일,
하나님이 함께하십니다.

전도가 얼마나 중요하며 아름다운 일인지를
잘 알지 못하는 경우가 있습니다.
전도를 해서 생명을 구원했을 때는
마치 자식을 낳는 것과 같은 기쁨이
그에게 충만합니다.
실제로 경험해 보면 알게 됩니다.
전도는 우리의 신앙을
실제적으로 증거하는 자리로 옮기는 것입니다.
당신은 마음의 준비가 얼마나 되었나요?
전도에 대한 준비는 전도를 할 것이라는
마음의 준비가 가장 중요하지요.
마음에서 마음으로 전하는 것이니까요.

우리가 당신에게 무엇을 열망하는지 아세요?
하나님을 믿는 신앙이
얼마나 영광스런 일인지 전해 주고 싶습니다.
하나님과 함께하는 삶이
얼마나 능력 넘치는 것인지 나누고 싶습니다.
함께 예배하고, 함께 격려하며,
함께 은혜를 공급받기를 원합니다.

전도는 욕심으로 되지 않는 것.
오직 사랑과 헌신만으로 되는 것.
우리가 이렇게 열심을 내는 것은
하나님의 사랑과 은혜가 떠나지 않게 하려 함이니….

전도해서 영적으로 자식을 낳아 보세요.
상상할 수 없는 은혜가 있습니다.
하나님께서 하라고 하실 때는
그것이야말로 축복의 통로입니다.

내가 당신을 찾아나서는 것은
내가 당신과 같은 때에 나를 찾아왔던
어느 형제의 사랑을 기억하기 때문입니다.
나의 사랑의 손길로
당신이 구원의 은혜를 경험한다면
그것으로 충분합니다.

🏠

구원의 길을 전하기 위해

한 끼를 내어 주고, 한 팔을 내미는 것은 가능하지만

그의 인생을 구원함은 아무도 할 수 없습니다.

오직 하나님께서 그리스도를 통해 하시는 일입니다.

우리는 이 일에 시중들 뿐입니다.

🏠

내가 한 일이 얼마나 소중한 일인가 알게 될 때

희열을 느낍니다.

그것도 많은 사람들이 칭찬하고 부러워한다면

희열은 배가 됩니다.

하나님이 박수 치시는 일이라면

그 희열은 말로 표현할 수 없겠지요.

이것이 바로 전도의 가치입니다.

예수님은 '목숨'에 대한 언급을 많이 하셨습니다.
"천하보다 귀한 생명"이라 하셨고
"자기 목숨을 구하면 잃을 것이고
나를 위해 버리면 찾을 것이다"라고 하셨습니다.
주님을 위해 목숨을 건다면 안 될 일이 없습니다.
우리가 한 번 내민 사랑의 손길이
얼마나 대단한 일인지 모를 때가 있습니다.
그것을 안다면 얼마나 보람이 넘칠까요?

우리는 사람의 겉만 보고 내면은 보지 못합니다.
그리스도는 어떤 사람에게나 필수적입니다.
그렇기 때문에 우리는 전할 수 있습니다.

"한 알의 밀이 땅에 떨어져 죽지 아니하면

한 알 그대로 있고

죽으면 많은 열매를 맺느니라"(요 12:24).

이 말씀은 작은 밀알이라도 수확은 엄청나다는 것을,

땅에 뿌려져야 한다는 것을,

죽어야 한다는 것을 말하는 것입니다.

실천으로 옮기는 것은 우리가 싫어하는 부분이기도 합니다.

그러나 실제 이렇게 하면 놀라운 수확의 영광을 봅니다.

사랑을 베풀면 사랑의 열매를 거둡니다.

신앙은 하나님께 믿음의 씨앗을 뿌리고

역사의 손길을 얻는 것이지요.

자식을 낳는 것보다 키우는 것이 더 힘들지만
정성껏 보살핍니다.
전도하는 것만으로도 힘들지만
그들의 신앙이 성장하도록 도와야 합니다.
그래야 그리스도 안에서 진정한 식구가 됩니다.

우리 생애 가장 잘한 일은
자선이나 구제가 아니라 복음을 전한 것입니다.
삶의 조각을 채워 준 게 아니라
그의 영혼 전부를 건져 낸 것이니까요.

주님처럼, 온전히 신뢰할 것

평안을 너희에게 끼치노니 곧 나의 평안을 너희에게 주노라 내가 너희
에게 주는 것은 세상이 주는 것과 같지 아니하니라 너희는 마음에 근
심하지도 말고 두려워하지도 말라 (요 14:27)

어린 시절 강가에 산 적이 있기 때문에 수영을 할 줄 압
니다. 모두 친구들에게서 배운 것입니다. 한번은 수영
을 배울 때 내가 허우적거리니까 친구들이 "힘 빼! 몸에
힘주지 말고 힘 빼!"라고 외쳐 댔던 기억이 납니다. 친
구들은 둥둥 떠다니면서 헤엄을 잘도 치는데, 나는 계속
가라앉았습니다.
　보던 친구가 딱했는지 내 옆으로 다가와 "자, 나처럼
해 봐"하면서 물 위에 둥둥 뜬 채 누워 있는 것입니다.
깜짝 놀랐죠. 신기하기도 하고요. 따라 해 봤지만 코에
물만 잔뜩 들어간 채 가라앉아 버렸습니다. 다른 친구가
와서 하는 말이 "네가 겁먹으니까 그렇지!" 하는 것이었
습니다. 꼭 한 번 떠 있어 보고 싶었습니다. 그래서 친구

들이 없을 때 강으로 혼자 나와 코에 물이 들어가더라도 겁내지 말고 누워 있어 보기로 했습니다. 몇 번을 시도한 끝에 성공했습니다. 그리고 그다음부터 수영하기 시작했습니다.

물은 우리에게 평안을 줍니다. 가슴이 먹먹할 때 확 트인 바다를 보면 평안을 느낍니다. 개울이나 강이 유유히 흐르는 것을 보면 마음이 평안해집니다. 물에 뜨려면 힘을 빼야 합니다. 경직된 채 뭔가 되지 않는 것을 낑낑거리면서 애쓰거나 겁을 잔뜩 먹으면 그 유유함을 느낄 수 없습니다.

나의 성정을 주도적으로 통제하지 못할 때가 많습니다. 이것이 인간이란 증거이기도 합니다. 이럴 때 기도할 수 있다는 것이나 믿음을 갖는다는 것이 얼마나 중요한지를 알게 되지요.

우리는 자신을 온전히 믿을 수 없습니다. 자신을 알기 때문입니다. 그러나 전능하신 하나님을 믿는다고 생각해 보세요. 하나님의 평안을 얻는다고 상상해 보세요. 하나님의 평안의 강에 내 몸을 맡긴다면 어떻게 될까요? 이것이 진짜 평안 아닐까요? 당신이 이 평안으로 들어오기를 기대합니다.

인간을 가장 인간답고 의미 있게 살게 하는 신앙!
예술이 마음을 정화시킨다면 신앙은 전인격을 승화시킵니다.
바탕이 되지 않은 채 무언가를 이룬 사람은
그가 이룬 성취를 신앙처럼 숭배합니다.
그러나 성취가 그를 진정한 구원으로 이끌지 못합니다.
오직 하나님을 섬기는 자로 무엇이든 이루어 갈 때
제대로 된 성취를 얻을 수 있습니다.

가슴을 뛰게 하고
상처를 어루만지고
평온한 꿈에 잠들게 하고
희망으로 깨어나게 하고
상상을 뛰어넘는 비전을 보게 하는 것.
그것이 신앙입니다.
하나님은 이렇게 이끄시며 우리는 그분의 자녀입니다.

은혜를 받으면 걷지 않아도 날 것처럼 느낄 수 있으나
은혜가 깊어지면 두 발로 열심히 걸어야 함을 알게 됩니다.
그것이 바로 하나님의 법칙입니다.
그 걸음은 주님과 함께!

'한때 나도 신앙생활 잘했지' 하면서 만족하십니까?
신앙은 기분이나 바람이 결코 아닙니다.
하나님을 만난 사람은 지금 그냥 살 수 없습니다.
지난 것을 말하는 것은
오늘 하는 것이 없음을 말하는 것입니다.
신앙은 오늘도 살아서 계속 성장해야 합니다.

우리에게 가장 큰 유혹은 게으름이고
가장 큰 잘못은 포기입니다.
진흙탕에 빠졌어도 그리스도를 생각한다면
일어날 힘이 생깁니다.

가장 큰 불행은 희망을 저버리는 일입니다.
우리의 예배는
스스로 희망을 만드는 것이 아니라
하나님께 희망을 두는 것이지요.
그러므로 이 희망은 확실하고도 무한합니다.
희망을 가지고도 절망하지 않고
절망 가운데서 희망을 갖게 하는 것.
그것이 바로 예배입니다.

가장 강력한 에너지는 영적인 것입니다.

영혼의 양식을 공급받고

그 에너지로 채우는 일을 게을리하지 마세요.

영과 육, 모두가 강건해집니다.

아무리 훌륭한 보석이라도 다듬지 않으면

그 가치를 드러낼 수 없습니다.

옥이 있어도 다듬지 않으면 그릇이 될 수 없고

다이아몬드라도 다듬지 않으면 탄소 덩어리에 불과하듯

우리의 신앙 인격도 다듬어야 합니다.

한때 하나님께 축복해 달라고 기도했으나
지금은 축복을 감당할 수 있는 사람이
되게 해 달라고 기도합니다.
신앙은 하나님과 사람 사이의 일이지
물질이 주체가 될 수 없습니다.

힘들면 '대강' 하고, 어려우면 '적당히' 하면 될까요?
신앙은 다릅니다.
힘들면 하나님을 의지하고, 어려우면 더욱 의지하는 것입니다.
그럴 때 하나님의 능력을 힘입습니다.

신앙의 사람은
갑작스런 일을 당해도 놀라지 않고
터무니없는 일을 당해도 화를 내지 않습니다.
왜냐하면 하나님이 계시기 때문이지요.

하나님은 모든 일을 아시고
그 일에서 나를 인도하시며 성숙시키십니다.
결국 합력하여 선을 이루십니다.

당신은 신앙의 필연성이 흔들려 본 적이 있습니까?

'왜 하나님은 그토록 바라는 역사를 행하지 않으실까?'

'왜 그 일을 그대로 두시는 걸까?'

이럴 때 당신은 하나님을

내 생각으로 판단하지 않는지 점검해 보세요.

신앙은 나 중심이 아니라 하나님 중심입니다.

♠

하나님은 겸손한 자를 사랑하십니다.
하나님이 우리를 구원하시는 방법은 세상이 생긴 이래
가장 겸손한 방법이었기 때문입니다.
예수님은 우리에게 가장 겸손한 자세로 오셨습니다.
우리도 주님의 은혜 가운데 나아가기 위해서는
겸손한 자세를 잊지 말아야 합니다.

♠

깊은 은혜와 능력을 체험하려면 어떻게 해야 할까요?
짧은 두레박 줄로는 깊은 우물을 길어 올릴 수 없습니다.
당신의 신앙의 줄을 점검해 보세요.

우리는 하나님의 약속을 법칙처럼 생각합니다.

그러면 하나님은 그 법칙에 묶이는 존재가 되어 버립니다.

기도는 '바람의 언어'도, '법칙의 언어'도 아닙니다.

'믿음의 언어'입니다.

능히 응답하시는 하나님을 신뢰하고

나의 바람을 하나님께 올리는 것이 바른 기도입니다.

주님처럼, 하늘의 역사 사모하기

그러므로 우리가 믿음으로 의롭다 하심을 받았으니 우리 주 예수 그리스도로 말미암아 하나님과 화평을 누리자 (롬 5:1)

어느 외딴 바닷가 작은 마을이 있었습니다. 그곳엔 아주 오래된 전통이 있었습니다. 그것은 형벌에 대한 것들이었는데, 참 다양했습니다. 태형, 교수형, 화형 등 헤아릴 수 없는 많은 형벌이 있었습니다. 예를 들어 간통한 여인에게 내리는 형벌은 높은 절벽으로 데려가 바다로 밀치는 것이었습니다.

 어느 날 마을 회의에서 한 젊은 여인에게 이 끔찍한 형을 선고했습니다. 그 여인은 남편이 고기를 잡으러 먼 바다에 나가 있는 동안 다른 남자와 함께 있었던 것입니다. 날이 밝자 온 마을 사람들이 절벽으로 모여들었고, 그 젊은 여인은 자신의 잘못을 뉘우치며 눈물을 흘렸습니다. 그러나 뉘우침과는 아랑곳없이 법은 집행되었고, 그녀는 결국 절벽 아래로 떨어지게 되었습니다.

그런데 잠시 후 사람늘은 당황하지 않을 수 없었습니다. 미리 쳐 둔 그물에 떨어져 그녀가 목숨을 건졌기 때문입니다. 그녀의 남편이 고기를 잡으러 먼 바다로 가기 전 절벽 아래로 내려가 아무도 모르게 그물을 쳐 두었던 것입니다. 결국 이 문제는 왕에게까지 이르게 되었습니다. 왕은 한마디로 딱 잘라 말했습니다. "남편이 용서한 잘못을 왜 그대들은 용서할 수 없다고 하는가?"

우리는 죄인이며, 형벌을 받아야 공의가 서게 됩니다. 하나님은 우리에게 형벌을 받게 하셨습니다. 그러나 하나님은 미리 그물을 쳐 두셨습니다. 그것이 십자가인데, 자신이 죽은 것과 같은 의미로 자기 아들을 우리 죄의 대가로 죽이신 것입니다.

우리가 믿는다는 것은 형벌을 피하는 것이 아니라 그 십자가라는 그물에 떨어지는 것입니다. 그러므로 십자가를 믿는다는 것은 곧 완벽한 용서를 받는 것이 됩니다. 이런 주님이 우리에게 있습니다. 주님을 만나고, 주님과 함께 살아가고, 주님의 영광 안에 들어가는 것이 우리가 할 일이며 우리가 오늘 누릴 수 있는 최고의 축복입니다.

하나님은 우리를 인도하십니다.

하나님이 없는 삶은 스스로 인생을 이끌고 나가야 합니다.

그러나 목적과 이상을 향해 의지를 가지고 실현하는 것은
실제로는 쉽지 않습니다.

하나님을 기준으로 인생을 살아가는 것이
최고의 방법입니다.

하나님 앞에서, 하나님이 나에게 원하시는,
하나님이 기뻐하시는 삶이 무엇인지를 생각해 보세요.

하나님을 의지하고 하나님과 함께 산다면
분명히 당신의 삶은 아주 좋은 쪽으로 나아갈 것입니다.

당신이 진정으로 어떻게 살 것인지를 마음에 그려 보세요.

그리고 자신을 향해 이렇게 선언하세요.

"난 하나님과 함께 이렇게 살기로 했어!"

♠

자갈밭에서 겨우 자라 비쩍 마르고

별 볼 일 없어 보이는 포도나무가 있습니다.

겨우 수분을 흡수한 그 포도나무 열매에서

가장 좋은 포도주가 나온다고 합니다.

도자기도 뜨거운 화덕에 얼마나 많이 들어갔는지가

그 도자기의 가치를 좌우한다고 합니다.

세상에 가장 맛있고, 멋있는 것은

어려움과 고통 속에서 나오는 것입니다.

♠

때로 '불신'이 '자기 소신'처럼 현명하게 느껴지면서

'믿음'은 '고집'처럼 미련해 보입니다.

이 모든 것은 순수한 신앙으로 다가설 때 해결됩니다.

자신이 아니라 하나님께 초점이 맞추어질 때 명확해집니다.

견고한 신앙은 믿음의 대상인 하나님을
막연히 생각하지 않습니다.
실존으로 믿어야 합니다.
그러지 않으면 모든 신앙행위는
막연해질 뿐입니다.
실존에의 신앙을 가지면
모든 것이 완전히 달라집니다.
하나님을 모셔 들여 내 삶 깊이 간섭하게 하세요.

🔔

소망이 없는 영혼은 죽은 것과 같고
신앙이 없는 소망은 부평초와 같습니다.
소망과 신앙과 삶은 삼위일체입니다.
아무리 가난해도 위대한 소망을 가질 수 있지만
아무리 위대해도 소망이 없는 사람은
더 이상 위대해질 수 없습니다.
무엇을 해야 할지 모를 때 하늘을 보세요.
머리가 복잡하고 어지러울 때 하늘을 한 번 보세요.
새롭게 열린 파란 하늘, 거기에 소망이 있습니다.

🔔

우리 신앙의 핵심은 그리스도.
그의 죽음으로 인해
우리가 하나님과 관계를 맺게 되었다는 것.
이것이 우리를 환희에 젖게 합니다.

♠

가장 좋은 미래를 맞이하기 위해서
과거를 놓아 흘려보내야 합니다.
과거의 추억이나 상처를 놓지 못하면
우리는 그것에 묶여 있을 수밖에 없습니다.
신앙도 과거를 흘려보내고
미래를 향해 가는 태도가 필요합니다.
항상 더 좋은 것을 주실 것을 기대하며 미래를 바라보세요.

♠

살면서 굶주림에 처할 때가 많습니다.
저차원적인 굶주림은 물질적이지만
고차원적인 굶주림은 영적인 것입니다.
당신이 은혜에 굶주려 한다면
예배는 당신을 풍성한 영혼의 식탁으로 이끌 것입니다.
은혜는 더 큰 은혜를 낳습니다.

전도서는 인생이 헛되다고 말합니다.

강조하고, 또 강조하지요.

당신은 어떻게 들리나요?

그러니 그리 욕심내지 말라고?

그러니 기대하지 말라고?

나는 이렇게 들려요.

그러니 더욱 열심히 살라고.

그러니 더욱 열심히 믿으라고.

주님처럼, 영원을 향해 한걸음

우리 가운데서 역사하시는 능력대로 우리가 구하거나 생각하는 모든 것에 더 넘치도록 능히 하실 이에게 (엡 3:20)

하나님은 신앙으로 인간을 훈련할 때 상상력을 사용하셨습니다. 아브라함에게 열국의 아비가 되게 해주겠다는 약속을 하셨는데, 아브라함은 그것을 믿는다고 했지만 마음에 그려지는 믿음이 아니었고 하나님의 약속도 막연하게 느꼈던 것 같습니다. 그래서 하루는 하나님이 그를 불러 "하늘을 우러러 뭇별을 셀 수 있나 보라 네 자손이 이와 같으리라"(창 15:5)라고 하셨습니다. 그때부터 아브라함은 하늘의 수많은 별들을 볼 때마다 그 약속이 이루어질 것에 대해 구체적으로 상상하며 믿었습니다.

우리의 상상이 신앙과 연결이 되려면 어떻게 해야 할까요? 하나님께서 적극적으로 주도하시는 일 같으면 아브라함처럼 상상으로 유도하실 것입니다. 그러나 섭리하시면서 우리를 권면하시는 수준이라면 여러모로 자극

하면서 우리의 반응을 보실 것입니다. 그러므로 신앙 가운데 있는 사람은 하나님이 기뻐하시고, 하나님이 인도하시기를 바라면서 상상의 나래를 펼쳐야 합니다.

상상이 없으면 적극적인 삶이 일어날 수 없지만 상상만 있다면 아무런 일도 일어나지 않습니다. 상상만으로도 여러 가지 세상의 성취를 이룰 수는 있습니다. 그러나 바람직하지 못하거나 이상적이지 않을 수 있습니다. 신앙 가운데 상상하면 우리는 하나님을 의지하고, 기도하게 됩니다. 성령님이 그 가운데 역사하시지요.

그것이 하나님이 주시는 비전으로 자리를 잡기도 합니다. 그 일에는 사명이라는 씨앗이 심겨집니다. 그리고 하나님을 기쁘시게 하고, 모든 사람에게 유익한 일을 이루어 가게 됩니다. 이것이 바로 우리가 추구해야 하는 삶이며 행복을 이루어 가는 첩경입니다. 예수님 안에서 선한 일을 상상해 보세요. 하나님의 역사가 일어날 것입니다.

벚꽃처럼 봄을 밝히는 사람이 되기를 소망합니다.

언젠가는 우리도 끝나겠지요.

끝맺음마저 아름답고 싶어요.

천국에서 꽃으로 피어나겠지요.

그땐 지지 않겠지요.

이 모든 것은 주님 안에서 이루어진답니다.

인생이 한 번뿐이듯, 현재도 되풀이되지 않습니다.

현재에 충실한 사람이 미래를 잘 살 수 있고

미래를 품고 사는 사람이 현재도 잘 삽니다.

이 모든 것은 하나님의 손 안에 있습니다.

나사렛의 한 시골 청년이 온 세상을 바꾸었듯
하나님만 함께하시면 어떤 변화도 가능합니다.
기질도, 습관도, 환경도 극복하고 바꿀 수 있습니다.
예수님을 바라볼 때 새로운 삶으로 나아갑니다.
하나님의 손길 아래서.

하나님은 '복 주시는 것' 자체가 목적이 아니라
내가 '하나님의 사람으로 되는 것'이 목적입니다.
하나님이 진정 내게 원하시는 것은
하나님이 기뻐하시는 믿음의 사람이 되는 것.
그리고 하나님과 함께하며 영광을 돌리는 것입니다.

무언가 결정해야 할 중요한 순간
우리는 망설일 때가 너무나 많습니다.
참된 가치가 담긴 바른 결정의 기준은
나의 욕망이나 타인의 말이 아닌
하나님의 뜻을 바라보는 것입니다.
하나님의 뜻이 곧 정의니까요.
성경 속 위대한 사람들은
망설임 없이 결정하고 행동했습니다.
신념을 뒷받침해 주는 신앙이 있기에
가능했던 것이지요.

씨앗이 땅에 떨어져 100배의 결실을 맺고,

들판 가득 메우는 것을 본다면

농부는 오늘의 땀을 얼마나 보람 있게 여길까요?

이것이 하나님의 마음입니다.

가장 큰 어려움은 희망이 보이지 않는다는 것입니다.

한 톨만큼의 희망만 있어도 거기서 힘을 얻습니다.

그 한 톨은 어디서 비롯될까요?

하나님입니다.

"하늘의 이치에 순응하는 사람은 편하다"라는 말이 있습니다.

추상적이지만 깨닫는 순간 기쁨을 줍니다.

"하나님의 말씀에 순종하는 사람은 행복하다"라고 말씀합니다.

구체적이기에 깨닫는 순간 부담으로 다가옵니다.

그러나 믿는 자에게는 확실한 힘이 됩니다.

말씀 앞에 순종하는 자세야말로

축복의 문에 들어서는 것입니다.

예수님이 수가 성으로 가셨을 때 제자들에게 말씀하셨습니다.

"너희는 넉 달이 지나야

추수할 때가 이르겠다 하지 아니하느냐

그러나 나는 너희에게 이르노니

너희 눈을 들어 밭을 보라

희어져 추수하게 되었도다"(요 4:35).

영적으로 사람들을 구원해야 할 때가

바로 지금이라는 말씀입니다.

우리도 주님의 비전을 가져야 합니다.

이 목적이 희미해지거나 사그라지면

교회는 존재의 의미를 상실할 뿐만 아니라

생명력도 잃게 됩니다.

복음은 단순한 언어를 넘어서

우리에게 축복이요, 비전입니다.

교회가 새로워지기 위해서는 어떻게 해야 할까요?
새로운 교회란 진리를 더욱 진리되게 하며
신앙을 더욱 참되게 하는 것입니다.
껍데기를 벗고 진정으로 그리스도께서
우리 가운데 역사하시고
영광을 받으시는 교회가 되는 것이
우리의 목적이요, 곧 새로운 교회입니다.
본질을 더욱 분명히 드러내는 새로워짐입니다.

신앙의 궁극적인 목적은 무엇일까요?

하나님이 가르쳐 주시는 것은 천국 지향적인 신앙입니다.

오늘에 만족한 채 안일주의에 빠지는 것은

하나님이 원하시는 것이 아니며

자신에게도 유익하지 못합니다.

우리는 은혜 가운데 오늘보다 나은 내일,

궁극적으로 천국의 입성을 위해 나아가야 합니다.

"하나님 우리 아버지와

주 예수 그리스도로부터 은혜와 평강이 있기를 원하노라."

이 인사는 그냥 일반 인사가 아닙니다.

그리스도로 말미암아 부르심을 받은 모든 자에게 주시는

하나님 은혜의 선물입니다.

그리스도 안에서 어느 누구도 나를 빼내 갈 수 없고,
떨어뜨릴 수 없다는 확고한 소속감이 주는 평강입니다.
그리스도께서 주신 것입니다.
예수님이야말로 그런 분입니다.
당신에게 그리스도의 평강이 가득하기를 기도합니다.